해커스 주택관리사

주택관리사 1위 해커스
한경비즈니스 선정 2020 한국품질만족도 교육(온·오프라인 주택관리사) 부문 1위 해커스

해커스 주택관리사 1차 기출문제집 공동주택시설개론

기출유형특강 단과강의 20% 할인쿠폰

2CB7493DA72GV7HT

해커스 주택관리사 사이트(house.Hackers.com)에 접속 후 로그인
▶ [나의 강의실 – 결제관리 – 쿠폰 확인] ▶ 본 쿠폰에 기재된 쿠폰번호 입력

1. 본 쿠폰은 해커스 주택관리사 동영상 강의 사이트 내 2026년도 기출유형특강 단과강의 결제 시 사용 가능합니다.
2. 본 쿠폰은 1회에 한해 등록 가능하며, 다른 할인수단과 중복 사용 불가합니다.
3. 쿠폰사용기한: **2026년 12월 31일**(등록 후 7일 동안 사용가능)

무료 온라인 전국 실전모의고사 응시방법

해커스 주택관리사 사이트(house.Hackers.com)에 접속 후 로그인
▶ [수강신청 – 전국 실전모의고사] ▶ 무료 온라인 모의고사 신청

* 기타 쿠폰 사용과 관련된 문의는 해커스 주택관리사 동영상강의 고객센터(1588-2332)로 연락하여 주시기 바랍니다.

해커스 주택관리사 인터넷 강의 & 직영학원

인터넷 강의
1588-2332
house.Hackers.com

강남학원
02-597-9000
2호선 강남역 9번 출구

[강남서초교육지원청 제10319호 해커스 공인중개사·주택관리사학원] | 교습과목, 교습비 등 자세한 내용은 https://house.hackers.com/gangnam/에서 확인하실 수 있습니다.

1588.2332　　　　　　　　　　　　　　　　　　　　　　　　　　　　　　　house.Hackers.com

해커스 주택관리사

주택관리사 1위 해커스
한경비즈니스 선정 2020 한국품질만족도 교육(온·오프라인 주택관리사) 부문 1위 해커스

합격을 만드는
2026 해커스 주택관리사 교재

입문서 시리즈(2종)
- 기초용어 완벽 정리
- 쉽고 빠른 기초이론 학습

기본서 시리즈(5종)
- 10개년 기출 분석으로 출제 포인트 예측
- 기본기를 탄탄하게 다지는 학습구성

출제예상문제집 시리즈(5종)
- 최신 개정법령 및 출제경향 반영
- 핵심정리와 문제풀이를 한번에 잡는 실전서

핵심요약집 시리즈(5종)
- 시험에 나오는 핵심만 압축 요약
- 최단시간, 최대효과의 7일완성 필수이론

기출문제집 시리즈(5종)
- 최신 기출문제 유형 완벽 분석
- 쉽게 이해되는 상세한 해설 수록

체계도(1종)
- 주택관리관계법규의 안내 표지판 역할
- 학습노트 및 최종 핵심정리 교재

1위 해커스의
모든 노하우를 담은 합격 커리큘럼

한경비즈니스 선정 2020 한국품질만족도 교육(온·오프라인 주택관리사) 부문 1위 해커스

STEP 1 기초용어 및 과목 특성파악 — 입문이론

STEP 2 과목별 기본개념 정립 — 기본이론 / 입문이론

STEP 3 과목별 이론완성 — 심화이론 / 기본이론 / 입문이론

STEP 4 핵심포인트 압축 요약정리 — 문제풀이 / 심화이론 / 기본이론 / 입문이론

STEP 5 고득점을 위한 다양한 유형학습 — 핵심요약 / 문제풀이 / 심화이론 / 기본이론 / 입문이론

STEP 6 실전 대비로 합격 마무리! — 동형모의고사 / 핵심요약 / 문제풀이 / 심화이론 / 기본이론 / 입문이론

★ 합격 ★

해커스 주택관리사 **온라인서점 바로가기 ▶**

1588.2332

house.Hackers.com

해커스 주택관리사

주택관리사 1위 해커스
한경비즈니스 선정 2020 한국품질만족도 교육(온·오프라인 주택관리사) 부문 1위 해커스

수많은 합격생들이 증명하는
해커스 스타 교수진

관리실무	관계법규	관계법규	회계원리	민법	민법	시설개론	시설개론	회계원리	관리실무
김성환	한종민	조민수	강양구	민희열	정동섭	이강일	김건일	서상호	노병귀

합격생 송*섭 님

주택관리사를 준비하시는 분들은 해커스 인강과 함께 하면 반드시 합격합니다.
작년에 시험을 준비할 때 타사로 시작했는데 강의 내용이 어려워서 지인 추천을
받아 해커스 인강으로 바꾸고 합격했습니다. 해커스 교수님들은 모두 강의 실력이
1타 수준이기에 해커스로 시작하시는 것을 강력히 추천합니다.

합격생 송*성 님

해커스를 통해 공인중개사 합격 후, 주택관리사에도 도전하여 합격했습니다.
환급반을 선택한 게 동기부여가 되었고, 1년 만에 동차합격과 함께 환급도 받았습니다.
해커스 커리큘럼을 충실하게 따라서 공부하니 동차합격할 수 있었고,
다른 분들도 해커스커리큘럼만 따라 학습하시면 충분히 합격할 수 있을 거라
생각합니다.

1588.2332   house.Hackers.com

해커스 주택관리사

주택관리사 1위 해커스
한경비즈니스 선정 2020 한국품질만족도 교육(온·오프라인 주택관리사) 부문 1위 해커스

오직, 해커스 회원에게만 제공되는
6가지 무료혜택!

전과목 강의 0원

스타 교수진의 최신강의
100% 무료 수강
* 7일간 제공

합격에 꼭 필요한 교재 무료배포

최종합격에 꼭 필요한
다양한 무료배포 이벤트
* 비매품

기출문제 해설특강

시험 전 반드시 봐야 할
기출문제 해설강의 무료

온라인 전국모의고사 8회분 무료
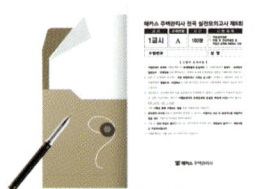
실전모의고사 8회와
해설강의까지 무료 제공

개정법령 업데이트 서비스

계속되는 법령 개정도
끝까지 책임지는 해커스!

무료 합격전략 설명회

한 번에 합격을 위한
해커스의 합격노하우 무료 공개

주택관리사 1위 해커스
지금 무료가입하고 이 모든 혜택 받기

1588.2332　　　house.Hackers.com

해커스
주택관리사

기출문제집

1차 공동주택시설개론

해커스 주택관리사

이강일

약력
현 | 해커스 주택관리사 회계원리 대표강사
　　해커스 주택관리사 회계원리 동영상강의 대표강사
　　(사)한국외대 주택관리학과 공동주택시설개론 겸임교수
　　집합건물관리사 진흥원 전임교수
전 | 에듀윌 공동주택시설개론 강사 역임

저서
주택관리사 기본서 공동주택시설개론, 에듀윌, 2025
건축직 공무원 9급, 에듀피디, 2025
건축기사, 에듀피디, 2025
집합건물관리사, 이테시스, 2025
주거복지사, 이테시스, 2025
주택관리사 1차 기초입문서(공동주택시설개론), 해커스패스, 2026
주택관리사 1차 기본서 공동주택시설개론, 해커스패스, 2026
주택관리사 1차 핵심요약집 공동주택시설개론, 해커스패스, 2026
주택관리사 1차 기출문제집 공동주택시설개론, 해커스패스, 2026

2026 해커스 주택관리사 1차 기출문제집
공동주택시설개론

초판 1쇄 발행	2026년 1월 5일
지은이	이강일, 해커스 주택관리사시험 연구소
펴낸곳	해커스패스
펴낸이	해커스 주택관리사 출판팀
주소	서울시 강남구 강남대로 428 해커스 주택관리사
고객센터	1588-2332
교재 관련 문의	house@pass.com
	해커스 주택관리사 사이트(house.Hackers.com) 1:1 수강생 상담
학원/동영상강의	house.Hackers.com
ISBN	979-11-7404-642-0 (13540)
Serial Number	01-01-01

저작권자 ⓒ 2026, 해커스 주택관리사
이 책의 모든 내용, 이미지, 디자인, 편집형태는 저작권법에 의해 보호받고 있습니다.
서면에 의한 저자와 출판사의 허락 없이 내용의 일부 혹은 전부를 인용, 발췌하거나 복제, 배포할 수 없습니다.

주택관리사 시험 전문,
해커스 주택관리사 house.Hackers.com

- 해커스 주택관리사학원 및 인터넷강의
- 해커스 주택관리사 무료 온라인 전국 실전모의고사
- 해커스 주택관리사 무료 학습자료 및 필수 합격정보 제공
- 해커스 주택관리사 동영상 기출유형특강 단과강의 20% 할인쿠폰 수록

합격을 이끄는 명쾌한 비법,
필수 기출문제와 풍부한 해설을 한 번에!

주택관리사(보)를 준비하는 모든 수험생의 가장 중요한 텍스트는 단연코 실제 출제된 기출문제입니다. 이미 출제된 기출문제를 정확히 분석해서 출제경향 및 학습방향을 잡는 데 기준을 세울 수 있습니다.

주택관리사(보)시험에서는 기출되었던 문제들이 거의 동일하게 반복적으로 출제되기도 하지만 기출내용을 근거로 약간의 변형된 문제가 출제되기도 합니다. 그래서 기출문제는 주택관리사(보)시험을 준비하는 모든 수험생들에게는 최고의 학습서가 될 수 있으며, 마무리 단계에 접어들어 정리가 되지 않는 수험생들에게 마무리 학습으로 최고의 학습자료가 될 수 있는 것입니다.

본 기출문제집은 여러 상황의 수험생들을 고려하여 최근에 출제된 문제를 철저히 분석한 후에 이에 대한 상세한 설명을 제시하였고 관련 내용을 추가로 정리하였습니다.

본 교재로 시험을 준비하는 수험생들의 합격을 위하여 다음에 주안점을 두고 집필하였습니다.

1 최근 7개년 기출문제들 중에서 출제 가능성이 높은 문제를 엄선하여 수록하였고, 최신 개정법령을 빠짐없이 반영하였습니다.

2 편별 출제비중 및 장별 기출문제 수를 그래프로 제시하여 출제경향을 눈으로 쉽게 확인할 수 있도록 분석하였고, 그에 대한 학습방향과 수험대책을 수립할 수 있도록 하였습니다.

3 문제의 난이도를 상·중·하로 표시하여 난이도에 따른 학습 정도를 선택할 수 있도록 하였습니다.

4 톺아보기를 통해 문제의 핵심과 요지를 파악하고, 관련 내용을 완벽하게 학습하도록 하였습니다.

더불어 주택관리사 시험 전문 **해커스 주택관리사(house.Hackers.com)**에서 학원 강의나 인터넷 동영상 강의를 함께 이용하여 꾸준히 공부한다면 그 학습효과는 극대화될 것입니다.

해커스 주택관리사(보) 기출문제집을 선택하여 공부하는 수험생 여러분들에게 본 교재가 합격을 향한 믿음직한 동반자가 되기를 바라며, 합격의 영광이 함께하기를 응원하겠습니다.

2025년 11월
이강일, 해커스 주택관리사시험 연구소

이 책의 차례

학습플랜   5
이 책의 구성   6
주택관리사(보) 안내   8
주택관리사(보) 시험안내   10
출제경향분석   12

제1편 건축구조

제 1 장	건축구조 총론	16
제 2 장	기초구조	24
제 3 장	조적구조	29
제 4 장	철근콘크리트구조	34
제 5 장	철골(강)구조	48
제 6 장	지붕공사	58
제 7 장	방수 및 방습공사	63
제 8 장	수장공사	70
제 9 장	창호 및 유리공사	72
제10장	미장 및 타일공사	83
제11장	도장공사 및 적산	92

제2편 건축설비

제 1 장	급수설비	104
제 2 장	급탕설비	119
제 3 장	난방설비	124
제 4 장	배수 및 통기설비	134
제 5 장	위생기구 및 배관설비	141
제 6 장	오수 · 정화설비	147
제 7 장	가스설비	151
제 8 장	소방설비	155
제 9 장	전기 · 조명 · 승강기 · 환기설비	165
제10장	홈네트워크설비	181

학습플랜

4주 완성 학습플랜

- 한 과목씩 집중적으로 공부하고 싶은 수험생에게 추천합니다.
- 7일마다 한 과목씩 회독하고 마지막 4주째에는 전체 과목을 한 번 더 회독할 수 있어 4주 동안 2회독을 할 수 있는 플랜입니다.
- 4주 마지막 주에는 과목별 취약 파트를 중점적으로 학습해 주세요.

구분	월	화	수	목	금	토	일
[1주] 회계원리	1편 1장~3장	1편 4장~5장	1편 6장	1편 7장~9장	1편 10장~14장	1편 15장~2편 2장	2편 3장~6장
[2주] 시설개론	1편 1장~3장	1편 4장~5장	1편 6장~9장	1편 10장~11장	2편 1장~3장	2편 4장~8장	2편 9장~10장
[3주] 민법	1편 1장~3장 26번	1편 3장 27번~4장	1편 5장 1번~40번	1편 5장 41번~7장	2편 1장~4장	2편 5장~3편 5장	4편
[4주] 1차 과목	회계원리	회계원리	시설개론	시설개론	민법	민법	약점과목

7일 완성 학습플랜

- 시험 직전 반복적으로 회독하고 싶은 수험생에게 추천합니다.
- 각 차수별로 7일 동안에 1회독하는 방법으로 요약집의 모든 내용을 꼼꼼하게 회독하는 것이 아닌 자주 틀리는 파트, 정확하게 이해하지 못하고 있는 파트를 중심으로 학습해주세요.

구분	월	화	수	목	금	토	일
[7일]	회계원리	회계원리	시설개론	시설개론	민법	민법	약점파트

학습플랜 이용 Tip

- 본인의 학습 진도와 상황에 따라 적합한 학습플랜을 선택한 후, 매일·매주 단위의 학습량을 학습합니다.
- 목표한 분량을 완료한 후에는 전체 학습진도를 스스로 점검합니다.

이 책의 구성

교재 미리보기

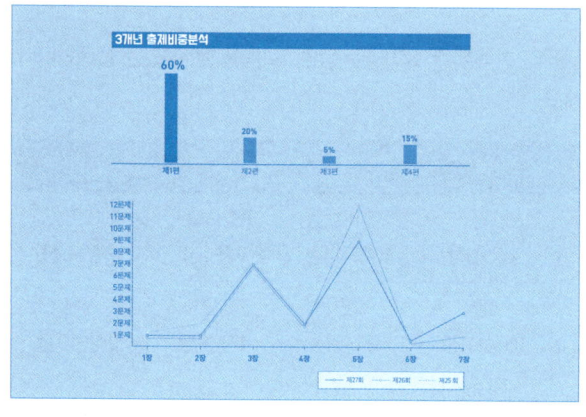

출제비중분석

최근 3개년의 편별 출제비중 및 장별 기출문제 수를 그래프로 제시하여 본격적으로 문제풀이를 시작하기 전에 해당 편·장의 중요도를 한눈에 확인할 수 있도록 구성하였습니다.

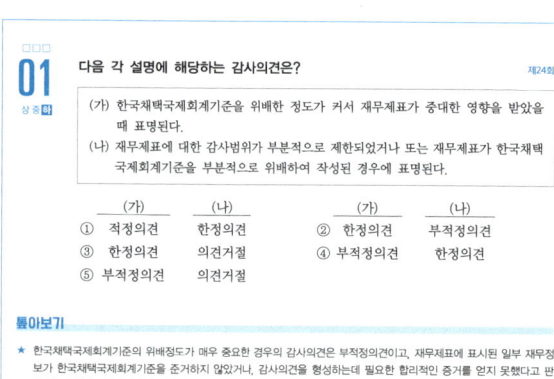

필수 기출문제

- 7개년 기출문제 중 출제가능성이 높은 문제를 엄선하여 수록하였고, 수험생들의 학습 편의성을 고려하여 문제에 최신 개정 법령을 반영하였습니다.
- 본인의 학습 수준에 맞는 문제를 선택하여 풀어볼 수 있도록 문제별로 난이도를 표시하였고, 반복학습이 중요한 기출문제의 특성을 고려하여 회독표시를 할 수 있도록 구성하였습니다.

풍부한 톺아보기

- 톺아보기란 '샅샅이 더듬어 뒤지면서 찾아보다'라는 순우리말로 단순히 정답과 해설만 제시하는 것이 아닌, 기출문제를 깊이 있게 이해할 수 있도록 학습에 도움이 되는 자세하고 풍부한 해설을 제공하였습니다.
- 톺아보기 코너 중 '더 알아보기'에서 관련 내용의 추가 설명 및 표를 활용하여 다양한 요소로 학습의 이해도를 높일 수 있도록 구성하였고, 주요 지문에 ★ 표시를 하여 전략적으로 시험에 대비할 수 있도록 하였습니다.

교재 활용비법

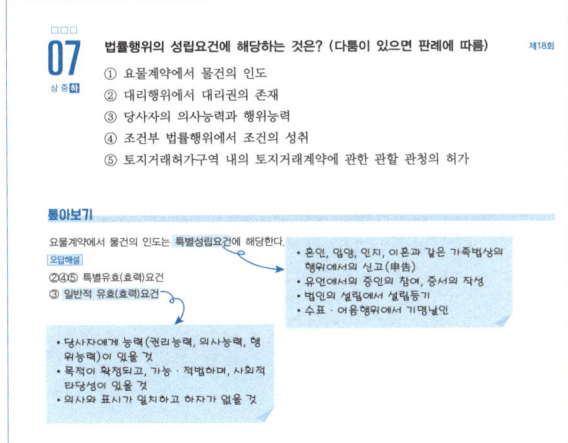

합격으로 이끄는 나만의 맞춤 교재 만들기

한 걸음
난이도 하~중의 문제를 중심으로 풀이하고 톺아보기를 확인하는 과정을 통하여 자신의 실력이 어느 정도인지를 파악합니다.

두 걸음
실력을 보강하기 위하여 추가 학습할 부분은 기본서에서 꼼꼼히 확인하고 필요한 내용을 메모하여 학습의 기반을 다집니다.

세 걸음
난이도 상의 문제를 풀어보는 것을 통하여 향상된 실력을 확인하고, 문제풀이를 반복적으로 진행하여 실전에 대비합니다.

주택관리사(보) 안내

주택관리사(보)의 정의

주택관리사(보)는 공동주택을 안전하고 효율적으로 관리하고 공동주택 입주자의 권익을 보호하기 위하여 운영·관리·유지·보수 등을 실시하고 이에 필요한 경비를 관리하며, 공동주택의 공용부분과 공동소유인 부대시설 및 복리시설의 유지·관리 및 안전관리 업무를 수행하기 위하여 주택관리사(보) 자격시험에 합격한 자를 말합니다.

주택관리사의 정의

주택관리사는 주택관리사(보) 자격시험에 합격한 자로서, 다음의 어느 하나에 해당하는 경력을 갖춘 자로 합니다.

> ① 사업계획승인을 받아 건설한 50세대 이상 500세대 미만의 공동주택(「건축법」 제11조에 따른 건축허가를 받아 주택과 주택 외의 시설을 동일 건축물로 건축한 건축물 중 주택이 50세대 이상 300세대 미만인 건축물을 포함)의 관리사무소장으로 근무한 경력이 3년 이상인 자
> ② 사업계획승인을 받아 건설한 50세대 이상의 공동주택(「건축법」 제11조에 따른 건축허가를 받아 주택과 주택 외의 시설을 동일 건축물로 건축한 건축물 중 주택이 50세대 이상 300세대 미만인 건축물을 포함)의 관리사무소 직원(경비원, 청소원, 소독원은 제외) 또는 주택관리업자의 직원으로 주택관리 업무에 종사한 경력이 5년 이상인 자
> ③ 한국토지주택공사 또는 지방공사의 직원으로 주택관리 업무에 종사한 경력이 5년 이상인 자
> ④ 공무원으로 주택 관련 지도·감독 및 인·허가 업무 등에 종사한 경력이 5년 이상인 자
> ⑤ 공동주택관리와 관련된 단체의 임직원으로 주택 관련 업무에 종사한 경력이 5년 이상인 자
> ⑥ ①~⑤의 경력을 합산한 기간이 5년 이상인 자

주택관리사 전망과 진로

주택관리사는 공동주택의 관리·운영·행정을 담당하는 부동산 경영관리분야의 최고 책임자로서 계획적인 주택관리의 필요성이 높아지고, 주택의 형태 또한 공동주택이 증가하고 있는 추세로 볼 때 업무의 전문성이 높은 주택관리사 자격의 중요성이 높아지고 있습니다.

300세대 이상이거나 승강기 설치 또는 중앙난방방식의 150세대 이상 공동주택은 반드시 주택관리사 또는 주택관리사(보)를 채용하도록 의무화하는 제도가 생기면서 주택관리사(보)의 자격을 획득 시 안정적으로 취업이 가능하며, 주택관리시장이 확대됨에 따라 공동주택관리업체 등을 설립·운영할 수도 있고, 주택관리법인에 참여하는 등 다양한 분야로의 진출이 가능합니다.

공무원이나 한국토지주택공사, SH공사 등에 근무하는 직원 및 각 주택건설업체에서 근무하는 직원의 경우 주택관리사(보) 자격증을 획득하게 되면 이에 상응하는 자격수당을 지급받게 되며, 승진에 있어서도 높은 고과점수를 받을 수 있습니다.

정부의 신주택정책으로 주택의 관리측면이 중요한 부분으로 부각되고 있는 실정이므로, 앞으로 주택관리사의 역할은 더욱 중요해질 것입니다.

① 공동주택, 아파트 관리소장으로 진출
② 아파트 단지 관리사무소의 행정관리자로 취업
③ 주택관리업 등록업체에 진출
④ 주택관리법인 참여
⑤ 주택건설업체의 관리부 또는 행정관리자로 참여
⑥ 한국토지주택공사, 지방공사의 중견 간부사원으로 취업
⑦ 주택관리 전문 공무원으로 진출

주택관리사의 업무

구분	분야	주요업무
행정관리업무	회계관리	예산편성 및 집행결산, 금전출납, 관리비 산정 및 징수, 공과금 납부, 회계상의 기록유지, 물품구입, 세무에 관한 업무
	사무관리	문서의 작성과 보관에 관한 업무
	인사관리	행정인력 및 기술인력의 채용·훈련·보상·통솔·감독에 관한 업무
	입주자관리	입주자들의 요구·희망사항의 파악 및 해결, 입주자의 실태파악, 입주자 간의 친목 및 유대 강화에 관한 업무
	홍보관리	회보발간 등에 관한 업무
	복지시설관리	노인정·놀이터 관리 및 청소·경비 등에 관한 업무
	대외업무	관리·감독관청 및 관련 기관과의 업무협조 관련 업무
기술관리업무	환경관리	조경사업, 청소관리, 위생관리, 방역사업, 수질관리에 관한 업무
	건물관리	건물의 유지·보수·개선관리로 주택의 가치를 유지하여 입주자의 재산을 보호하는 업무
	안전관리	건축물설비 또는 작업에서의 재해방지조치 및 응급조치, 안전장치 및 보호구설비, 소화설비, 유해방지시설의 정기점검, 안전교육, 피난훈련, 소방·보안경비 등에 관한 업무
	설비관리	전기설비, 난방설비, 급·배수설비, 위생설비, 가스설비, 승강기설비 등의 관리에 관한 업무

주택관리사(보) 시험안내

응시자격

1. **응시자격**: 연령, 학력, 경력, 성별, 지역 등에 제한이 없습니다.
2. **결격사유**: 시험시행일 현재 다음 중 어느 하나에 해당하는 사람은 주택관리사 등이 될 수 없으며, 그 자격이 상실됩니다.
   - 피성년후견인 또는 피한정후견인
   - 파산선고를 받은 사람으로서 복권되지 아니한 사람
   - 금고 이상의 실형을 선고받고 그 집행이 끝나거나(집행이 끝난 것으로 보는 경우 포함) 집행이 면제된 날부터 2년이 지나지 아니한 사람
   - 금고 이상의 형의 집행유예를 선고받고 그 유예기간 중에 있는 사람
   - 주택관리사 등의 자격이 취소된 후 3년이 지나지 아니한 사람
3. 주택관리사(보) 자격시험에 있어서 부정한 행위를 한 응시자는 그 시험을 무효로 하고, 당해 시험시행일로부터 5년간 시험 응시자격을 정지합니다.

시험과목

구분	시험과목	시험범위
1차 (3과목)	회계원리	세부과목 구분 없이 출제
	공동주택시설개론	• 목구조 · 특수구조를 제외한 일반 건축구조와 철골구조, 장기수선계획 수립 등을 위한 건축적산 • 홈네트워크를 포함한 건축설비개론
	민법	• 총칙 • 물권, 채권 중 총칙 · 계약총칙 · 매매 · 임대차 · 도급 · 위임 · 부당이득 · 불법행위
2차 (2과목)	주택관리관계법규	다음의 법률 중 주택관리에 관련되는 규정 「주택법」, 「공동주택관리법」, 「민간임대주택에 관한 특별법」, 「공공주택 특별법」, 「건축법」, 「소방기본법」, 「소방시설 설치 및 관리에 관한 법률」, 「화재의 예방 및 안전관리에 관한 법률」, 「승강기 안전관리법」, 「전기사업법」, 「시설물의 안전 및 유지관리에 관한 특별법」, 「도시 및 주거환경정비법」, 「도시재정비 촉진을 위한 특별법」, 「집합건물의 소유 및 관리에 관한 법률」
	공동주택관리실무	시설관리, 환경관리, 공동주택 회계관리, 입주자관리, 공동주거관리이론, 대외업무, 사무 · 인사관리, 안전 · 방재관리 및 리모델링, 공동주택 하자관리(보수공사 포함) 등

* 시험과 관련하여 법률 · 회계처리기준 등을 적용하여 정답을 구하여야 하는 문제는 시험시행일 현재 시행 중인 법령 등을 적용하여 그 정답을 구하여야 함
* 회계처리 등과 관련된 시험문제는 한국채택국제회계기준(K-IFRS)을 적용하여 출제됨

시험시간 및 시험방법

구분		시험과목 수	입실시간	시험시간	문제형식
1차 시험	1교시	2과목(과목당 40문제)	09:00까지	09:30~11:10(100분)	객관식 5지 택일형
	2교시	1과목(과목당 40문제)		11:40~12:30(50분)	
2차 시험		2과목(과목당 40문제)	09:00까지	09:30~11:10(100분)	객관식 5지 택일형 (과목당 24문제) 및 주관식 단답형 (과목당 16문제)

*주관식 문제 괄호당 부분점수제 도입
 1문제당 2.5점 배점으로 괄호당 아래와 같이 부분점수로 산정함
 • 3괄호: 3개 정답(2.5점), 2개 정답(1.5점), 1개 정답(0.5점)
 • 2괄호: 2개 정답(2.5점), 1개 정답(1점)
 • 1괄호: 1개 정답(2.5점)

원서접수방법

1. 한국산업인력공단 큐넷 주택관리사(보) 홈페이지(www.Q-Net.or.kr/site/housing)에 접속하여 소정의 절차를 거쳐 원서를 접수합니다.
2. 원서접수 시 최근 6개월 이내에 촬영한 탈모 상반신 사진을 파일(JPG 파일, 150픽셀×200픽셀)로 첨부하여 인터넷 회원가입 후 접수합니다.
3. 응시수수료는 1차 21,000원, 2차 14,000원(제28회 시험 기준)이며, 전자결제(신용카드, 계좌이체, 가상계좌) 방법을 이용하여 납부합니다.

합격자 결정방법

1. **제1차 시험**: 과목당 100점을 만점으로 하여 모든 과목 40점 이상이고, 전 과목 평균 60점 이상의 득점을 한 사람을 합격자로 합니다.
2. **제2차 시험**
   • 1차 시험과 동일하나, 모든 과목 40점 이상이고 전 과목 평균 60점 이상의 득점을 한 사람의 수가 선발예정인원에 미달하는 경우 모든 과목 40점 이상을 득점한 사람을 합격자로 합니다.
   • 2차 시험 합격자 결정 시 동점자로 인하여 선발예정인원을 초과하는 경우 그 동점자 모두를 합격자로 결정하고, 동점자의 점수는 소수점 둘째 자리까지만 계산하며 반올림은 하지 않습니다.

최종합격자 발표

시험시행일로부터 1차 약 1달 후, 2차 약 2달 후 한국산업인력공단 큐넷 주택관리사(보) 홈페이지(www.Q-Net.or.kr/site/housing)에서 확인 가능합니다.

출제경향분석

제28회 시험 총평

제28회 주택관리사(보)의 공동주택시설개론 문제는 상 수준의 문제와 하 수준의 문제가 극단적으로 나뉘어 출제되었습니다. 어려운 문제는 너무 어려웠고 쉬운 문제는 너무나 쉬웠습니다. 다행이었던 것은 쉬운 문제가 다수 출제되어 합격점수를 획득하는 데에는 그리 어렵지 않았다는 것입니다.

상급문제가 13문제, 중급문제가 7문제, 하급문제가 20문제로 각각 출제되었는데, 전년도에 비해 중급문제가 줄고, 상급과 특히 하급의 문제가 많이 출제가 되었습니다.

상급문제 대부분이 처음 접하는 내용이다 보니 수험생들의 체감 난이도는 매우 어렵게 느껴졌을 것입니다.

건축구조에서는 기본 강의시간에 줄곧 중요하다고 강조한 내용이 출제되었으며, 전 단원에서 고르게 전년도와 비슷한 비율로 출제되었습니다. 철근콘크리트에서 4문제, 지반 및 기초구조, 철골(강)구조, 방수 및 방습공사, 창호 및 유리공사, 미장 및 타일공사, 도장 및 적산에서 각각 2문제씩 출제가 되었습니다.

건축설비에서는 기본적인 내용이 다수 출제되었고, 설비 총론, 급수설비, 급탕설비, 소방설비에서 각각 2문제씩 출제되었으며, 난방설비에서 3문제, 전기 및 승강기설비에서 각각 3문제씩 출제되었습니다.

7개년 출제경향분석

단원구분		제22회	제23회	제24회	제25회	제26회	제27회	제28회	계	비율(%)
건축구조	건축구조 총론	2	2	2	1	2	2	1	12	4.27
	기초구조	2	2	1	1	1	1	2	10	3.57
	조적구조	1	1	1	1	3	1	1	9	3.33
	철근콘크리트구조	3	4	4	3	3	4	4	25	8.9
	철골(강)구조	2	1	2	4	2	2	2	15	5.35
	지붕공사	1	1	1	1		1	1	6	2.14
	방수 및 방습공사	2	1	2	2	2	2	2	13	4.6
	수장공사		1		1			1	3	1.07
	창호 및 유리공사	2	2	2	3	2	2	2	15	5.35
	미장 및 타일공사	2	2	2	1	2	2	2	13	4.64
	도장공사 및 적산	3	3	3	2	3	3	2	19	6.74
건축설비	급수설비	5	3	4	3	5	6	4	30	10.71
	급탕설비	1	2	2	1	1	2	2	11	3.92
	난방설비	4	3	2	3	2	3	4	21	7.5
	배수 및 통기설비	2	4	3	1	1	1	1	13	4.6
	위생기구 및 배관설비	1	1	1	3	3	1		10	3.75
	오수·정화설비						1	1	2	0.71
	가스설비	1	1	1			1	1	5	1.78
	소방설비	1	1	2	3	2	2	1	12	4.27
	전기·조명·승강기·환기설비	3	3	2	4	4	2	5	23	8.2
	홈네트워크설비	2	2	3	2	2	1	1	13	4.6
	총계	40	40	40	40	40	40	40	280	100

7개년 평균 편별 출제비중 *총문제 수: 40문제

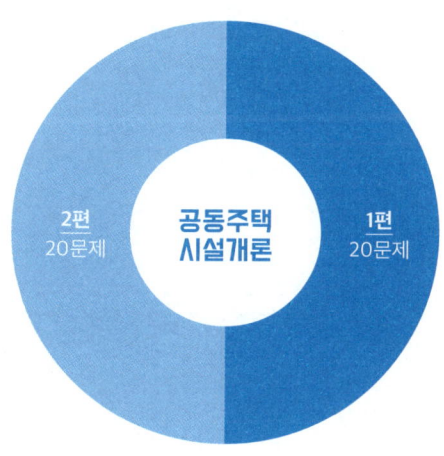

2편 20문제 | 공동주택 시설개론 | 1편 20문제

제29회 수험대책

1편
건축구조는 출제비율이 가장 높은 철근콘크리트구조와 그 다음으로 출제비율이 높은 건축구조 총론, 기초구조, 철골(강)구조, 지붕 및 방수구조, 창호 및 유리공사, 미장 및 타일공사, 도장 및 적산을 위주로 학습해야 합니다.
특히, 철골(강)구조, 지붕 및 방수구조, 창호 및 유리공사, 미장 및 타일공사, 도장 및 적산에서는 표준시방서를 위주로 학습하여야 합니다. 대부분의 문제가 표준시방서를 기준으로 하여 문제가 출제되므로 기본서에도 수록된 표준시방서를 중점으로 학습하고, 추가적인 내용이나 수정사항이 있는 경우 교안을 이용하여 학습하도록 합니다.
철근콘크리트구조는 철근 부분과 콘크리트 부분으로 나누어 학습해야 합니다. 건축구조 총론은 하중에 대한 내용을 위주로 학습을 하고, 기초구조에서는 사질토와 점성토를 기준으로 학습합니다.

2편
건축설비는 2차과목인 관리실무와 많은 부분 연관되는 내용 많습니다. 따라서 관리실무와 연계하여 학습하도록 합니다.
출제비율이 가장 높은 전기·조명·승강기·환기설비를 중점적으로 학습해야 하지만 내용이 광범위하므로 기출문제를 위주로 자주 출제되는 문제를 위주로 학습하는 것이 중요합니다.
급수설비, 급탕설비, 난방설비는 출제가 많이 되는 단원이지만 매회 출제가 되는 부분이 달라져 가장 기본적인 내용을 위주로 학습합니다. 특히 급탕설비와 난방설비에서는 계산문제가 출제되지만 어려운 계산문제에 대한 학습보다는 많이 출제되는 기출문제 위주로 내용을 학습하는 것이 득점 가능성이 더 높습니다.
배수 및 통기설비, 가스설비, 소방설비는 대부분이 나왔던 부분이 지속적으로 출제가 되고 있지만 개정이 되어 수정된 부분이나 추가사항이 출제될 확률이 높으므로 개정된 내용을 잘 정리하도록 합니다.

house.Hackers.com
2026 해커스 주택관리사(보) **기출문제집**

3개년 출제비중분석

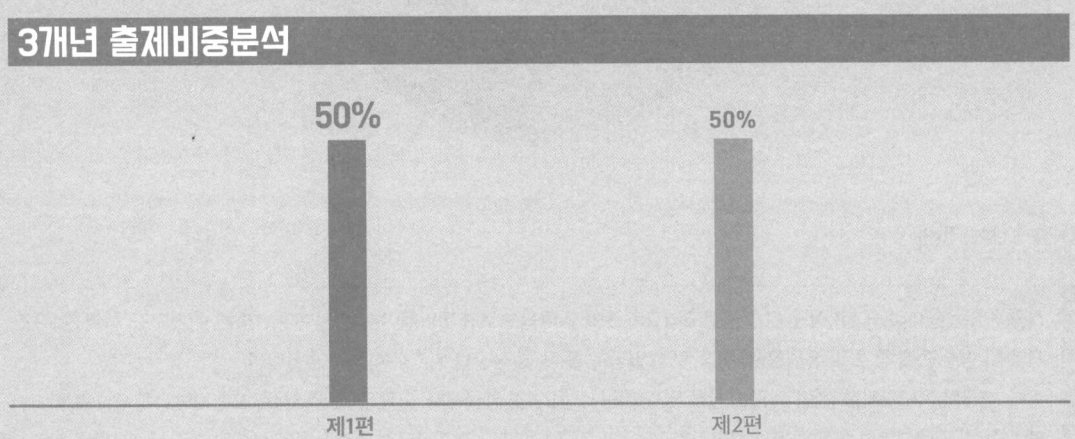

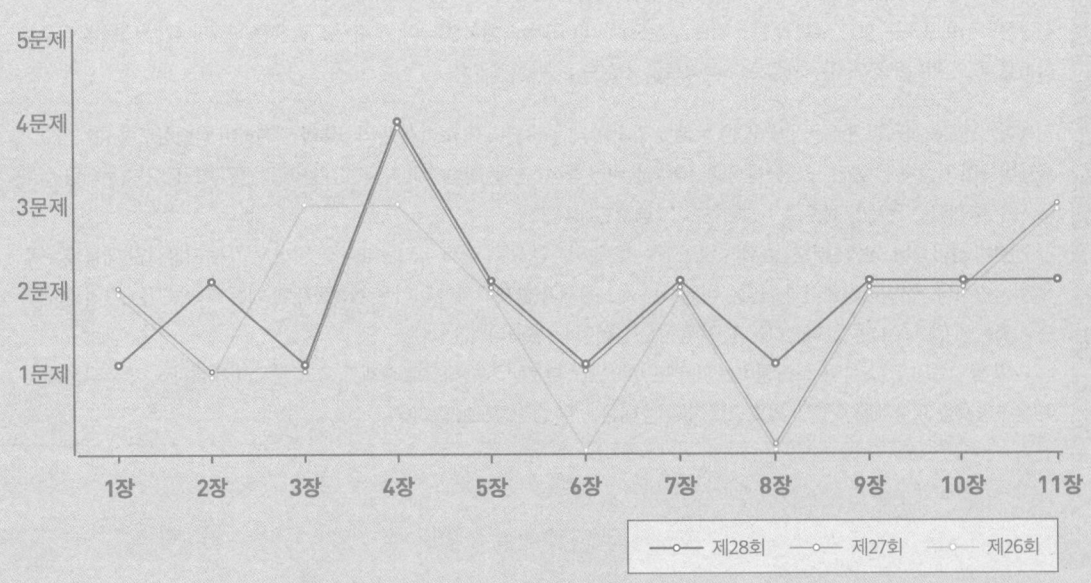

제1편

건축구조

제1장 건축구조 총론
제2장 기초구조
제3장 조적구조
제4장 철근콘크리트구조
제5장 철골(강)구조
제6장 지붕공사
제7장 방수 및 방습공사
제8장 수장공사
제9장 창호 및 유리공사
제10장 미장 및 타일공사
제11장 도장공사 및 적산

제1장 / 건축구조 총론

기본서 p.20~34

01 상중하

건축물에 작용하는 하중에 관한 설명으로 옳은 것은? 제28회

① 기본지상설하중은 재현기간 100년에 대한 수직 최심적설깊이를 기준으로 한다.
② 건축물을 점유·사용함으로써 발생하는 하중은 고정하중이다.
③ 고정하중은 활하중에 비해 하중의 크기와 위치가 수시로 변화한다.
④ 골조에 고정된 영구설비하중은 밑면전단력 계산에서 유효건물중량에 포함되지 않는다.
⑤ 고정하중과 활하중은 단기하중이며, 지진하중과 풍하중은 장기하중이다.

톺아보기

오답해설
② 건축물을 점유·사용함으로써 발생하는 하중은 <u>활하중</u>이다.
③ <u>활하중</u>은 고정하중에 비해 하중의 크기와 위치가 수시로 변화한다.
④ 골조에 고정된 영구설비하중은 밑면전단력 계산에서 유효건물중량에 <u>포함한다</u>.
★ ⑤ 고정하중과 활하중은 <u>장기하중</u>이며, 지진하중과 풍하중은 <u>단기하중</u>이다.

02 상중하

건축물 주요실의 기본등분포활하중(kN/m²)의 크기가 가장 작은 것은? 제27회

① 공동주택의 공용실
② 주거용 건축물의 거실
③ 판매장의 상점
④ 도서관의 서고
⑤ 기계실의 공조실

톺아보기

★ ② 주거용 건축물의 거실: 2kN/m²

오답해설

★ ① 공동주택의 공용실: 5kN/m²
③ 판매장의 상점: 4~5kN/m²
④ 도서관의 서고: 7.5kN/m²
⑤ 기계실의 공조실: 5kN/m²

03 상중하

하중과 변형에 관한 용어 설명으로 옳은 것은? 제26회

① 고정하중은 기계설비하중을 포함하지 않는다.
② 외력이 작용하는 구조부재 단면에 발생하는 단위면적당 힘의 크기를 응력도라 한다.
③ 외력을 받아 변형한 물체가 그 외력을 제거하면 본래의 모양으로 되돌아가는 성질을 소성이라고 한다.
④ 등분포활하중은 저감해서 사용하면 안 된다.
⑤ 지진하중 계산을 위해 사용하는 밑면전단력은 구조물 유효무게에 반비례한다.

톺아보기

오답해설

① 고정하중은 기계설비 하중을 포함한다.
③ 외력을 받아 변형한 물체가 그 외력을 제거하면 본래의 모양으로 되돌아가는 성질을 탄성이라고 한다.
④ 등분포활하중은 저감해서 사용할 수 있다(등분포활하중은 부재의 영향면적이 36m² 이상인 경우 기본등분포활하중에 활하중저감계수를 곱하여 저감할 수 있다).
★ ⑤ 지진하중 계산을 위해 사용하는 밑면전단력은 구조물 유효무게에 비례한다(밑면전단력(V) = 지진응답계수 × 유효건물중량).

정답 | 01 ① 02 ② 03 ②

04 지진하중 산정에 관련되는 사항으로 옳은 것을 모두 고른 것은? *제25회*

㉠ 반응수정계수	㉡ 고도분포계수
㉢ 중요도계수	㉣ 가스트영향계수
㉤ 밑면전단력	

① ㉠, ㉡, ㉣
② ㉠, ㉢, ㉣
③ ㉠, ㉢, ㉤
④ ㉡, ㉢, ㉤
⑤ ㉡, ㉣, ㉤

톺아보기

㉡ 고도분포계수: 풍하중, ㉣ 가스트영향계수: 풍하중

더 알아보기

지진의 밑면전단력 = $C_s \cdot W$

$$C_s = \left[\frac{S_{DS}}{\frac{R}{I_E}} \right]$$

C_s: 지진응답계수, W: 고정하중과 건물중량, S_{DS}: 설계스팩트럼 가속도, ★ R: 반응수정계수, I_E: 건축물 중요도계수

---

05 건축물에 작용하는 하중에 관한 설명으로 옳은 것은? *제24회*

① 고정하중과 활하중은 단기하중이다.
② 엘리베이터의 자중은 활하중에 포함된다.
③ 기본지상적설하중은 재현기간 100년에 대한 수직 최심적설깊이를 기준으로 한다.
④ 풍하중은 건축물 형태에 영향을 받지 않는다.
⑤ 반응수정계수가 클수록 산정된 지진하중의 크기도 커진다.

톺아보기

오답해설
① 고정하중과 활하중은 <u>장기하중</u>이다.
② 엘리베이터의 자중은 <u>고정하중</u>에 포함된다.
④ 풍하중은 건축물 형태에 영향을 <u>많이 받는다</u>.
★ ⑤ 반응수정계수가 클수록 산정된 지진하중의 크기는 <u>작아진다</u>.

06 건축물에 작용하는 하중에 관한 설명으로 옳은 것을 모두 고른 것은? 제23회

> ㉠ 풍하중과 지진하중은 수평하중이다.
> ㉡ 고정하중과 활하중은 단기하중이다.
> ㉢ 사무실 용도의 건물에서 가동성 경량 칸막이벽은 고정하중이다.
> ㉣ 지진하중 산정시 반응수정계수가 클수록 지진하중은 감소한다.

① ㉠, ㉡
② ㉠, ㉣
③ ㉡, ㉢
④ ㉠, ㉢, ㉣
⑤ ㉡, ㉢, ㉣

톺아보기

㉡ 고정하중과 활하중은 <u>장기하중</u>이다.
㉢ 사무실 용도의 건물에서 가동성 경량 칸막이벽은 <u>활하중</u>이다.

정답 | 04 ③ 05 ③ 06 ②

07 건축물의 구조설계에 적용하는 하중에 관한 설명으로 옳은 것은? 제22회

① 기본지상적설하중은 재현기간 100년에 대한 수직 최심적설깊이를 기준으로 한다.
② 지붕활하중을 제외한 등분포활하중은 부재의 영향면적이 30m² 이상인 경우 저감할 수 있다.
③ 고정하중은 점유·사용에 의하여 발생할 것으로 예상되는 최대하중으로 용도별 최소값을 적용한다.
④ 풍하중에서 설계속도압은 공기밀도에 반비례하고 설계풍속에 비례한다.
⑤ 지진하중 산정시 반응수정계수가 클수록 지진하중은 증가한다.

톺아보기

오답해설

② 지붕활하중을 제외한 등분포활하중은 부재의 영향면적이 36m² 이상인 경우 저감할 수 있다.
③ 활하중은 점유·사용에 의하여 발생할 것으로 예상되는 최대하중으로 용도별 최소값을 적용한다.
④ 풍하중에서 설계속도압은 공기밀도에 비례하고 설계풍속의 제곱에 비례한다.

$$설계속도압(q_H) = \frac{1}{2}\rho V_H^2$$

여기서, ρ: 공기밀도로서 균일하게 1.22kg/m³로 한다.
　　　　V_H: 설계풍속(m/s)

★ ⑤ 지진하중 산정시 반응수정계수가 클수록 지진하중은 감소한다(즉, 반응수정계수는 지진력 계산시 반비례관계이다).

08 건물 구조형식에 관한 설명으로 옳지 않은 것은? 제27회

① 건식구조는 물을 사용하지 않는 구조로 일체식 구조, 목구조 등이 있다.
② 막구조는 주로 막이 갖는 인장력으로 저항하는 구조이다.
③ 현수구조는 케이블의 인장력으로 하중을 지지하는 구조이다.
④ 벽식구조는 벽체와 슬래브에 의해 하중이 전달되는 구조이다.
⑤ 플랫플레이트슬래브는 보와 지판이 없는 구조이다.

톺아보기

건식구조는 물을 사용하지 않는 구조로 조립식 구조, 목구조 등이 있다.
일체식 구조는 습식구조에 속한다.

09 구조형식에 관한 설명으로 옳지 않은 것은? 제26회

① 조적조는 벽돌 등의 재료를 쌓는 구조로 벽식에 적합한 습식구조이다.
② 철근콘크리트 라멘구조는 일체식 구조로 습식구조이다.
③ 트러스는 부재에 전단력이 작용하는 건식구조이다.
④ 플랫슬래브는 보가 없는 바닥판 구조이며 습식구조이다.
⑤ 현수구조는 케이블에 인장력이 작용하는 건식구조이다.

톺아보기

트러스는 부재에 축방향력(인장과 압축)만 작용하는 건식구조로서, 전단력은 작용하지 않는 구조이다.

더 알아보기

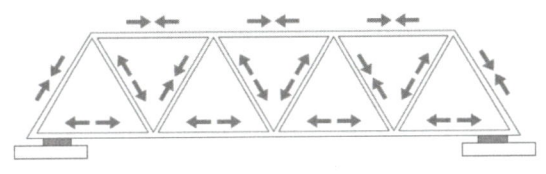

트러스구조의 하중 작용

정답 | 07 ① 08 ① 09 ③

10 건물 구조형식에 관한 설명으로 옳은 것은? 제24회

① 이중골조구조: 수평력의 25% 미만을 부담하는 가새골조가 전단벽이나 연성모멘트골조와 조합되어 있는 구조
② 전단벽구조: 전단벽이 캔틸레버 형태로 나와 외곽부의 기둥을 스트럿(strut)이나 타이(tie)처럼 거동하게 함으로써 응력 및 하중을 재분배시키는 구조
③ 골조-전단벽구조: 수평력을 전단벽과 골조가 각각 독립적으로 저항하는 구조
④ 절판구조: 판을 주름지게 하여 휨에 대한 저항능력을 향상시키는 구조
⑤ 플랫슬래브구조: 슬래브의 상부하중을 보와 슬래브로 지지하는 구조

톺아보기

오답해설
① 이중골조구조는 지진력의 25% 이상을 부담하는 연성모멘트골조가 전단벽이나 가새골조와 조합되어 있는 구조방식이다.
② 전단벽구조는 내력벽시스템이 수직하중과 함께 횡하중을 벽체가 지지하는 지진력저항시스템으로, 벽체는 지진하중에 대하여 충분한 면내 횡강성과 횡강도를 발휘해야 하는 구조시스템이다.
③ 골조-전단벽구조는 전단벽과 골조의 상호작용을 고려하여 강성에 비례하여 지진력을 저항하도록 설계되는 전단벽과 골조의 조합구조시스템이다.
⑤ 플랫슬래브구조는 슬래브의 상부하중을 보 없이 슬래브와 기둥만으로 지지하는 구조이다.

11 건축구조의 시공과정에 따른 분류에 해당하지 않는 것은? 제23회

① 습식구조　　② 라멘구조
③ 조립구조　　④ 현장구조
⑤ 건식구조

톺아보기

시공과정에 따른 분류에는 습식구조, 건식구조, 조립식 구조, 현장구조가 있다.

12 건축물의 구조에 관한 설명으로 옳지 않은 것은? 　　제22회

① 커튼월은 공장생산된 부재를 현장에서 조립하여 구성하는 비내력 외벽이다.
② 조적구조는 벽돌, 석재, 블록, ALC 등과 같은 조적재를 결합재 없이 쌓아 올려 만든 구조이다.
③ 강구조란 각종 형강과 강판을 볼트, 리벳, 고력볼트, 용접 등의 접합방법으로 조립한 구조이다.
④ 기초란 건축물의 하중을 지반에 안전하게 전달시키는 구조부분이다.
⑤ 철근콘크리트구조는 철근과 콘크리트를 일체로 결합하여 콘크리트는 압축력, 철근은 인장력에 유효하게 작용하는 구조이다.

톺아보기

조적구조는 벽돌, 석재, 블록, ALC 등과 같은 조적재에 결합재를 사용하여 쌓아 올려 만든 구조이다.

정답 | 10 ④　11 ②　12 ②

제2장 / 기초구조

기본서 p.38~54

01 [하]
지반의 허용지내력 단위로 옳은 것은?   제28회

① kN
② kN·m
③ kN/m
④ kN/m²
⑤ kN/m³

톺아보기
허용지내력은 <u>면적</u>에 대한 <u>힘의 크기</u>로 나타낸다.

02 [중]
지반특성 및 지반조사에 관한 설명으로 옳은 것은?   제27회

① 액상화는 점토지반이 진동 및 지진 등에 의해 압축저항력을 상실하여 액체와 같이 거동하는 현상이다.
② 사운딩(sounding)은 로드의 선단에 설치된 저항체를 지중에 넣고 관입, 회전, 인발 등을 통해 토층의 성상을 탐사하는 시험이다.
③ 샌드벌킹(sand bulking)은 사질지반의 모래에 물이 배출되어 체적이 축소되는 현상이다.
④ 간극수압은 모래 속에 포함된 물에 의한 하향수압을 의미한다.
⑤ 압밀은 사질지반에서 외력에 의해 공기가 제거되어 체적이 증가되는 현상이다.

톺아보기
오답해설
★ ① 액상화는 <u>사질지반</u>이 진동 및 지진 등에 의해 압축저항력을 상실하여 액체와 같이 거동하는 현상이다.
③ 샌드벌킹(sand bulking)은 사질지반의 모래에 물이 <u>유입</u>되어 체적이 <u>증가</u>되는 현상이다.
④ 간극수압은 모래 속에 포함된 물에 의한 <u>상향수압</u>을 의미한다.
⑤ 압밀은 사질지반에서 외력에 의해 공기가 제거되어 체적이 <u>감소</u>되는 현상이다.

03 기초판의 형식에 따른 분류에 해당하지 않는 것은? 제28회

① 독립기초　　　　　　　② 잠함기초
③ 연속기초　　　　　　　④ 온통기초
⑤ 복합기초

톺아보기

잠함기초는 <u>깊은 기초</u>에 속한다.

04 철근콘크리트 독립기초의 기초판 크기(면적) 결정에 큰 영향을 미치는 것은? 제27회

① 허용휨내력　　　　　　② 허용전단내력
③ 허용인장내력　　　　　④ 허용부착내력
⑤ 허용지내력

톺아보기

독립기초판의 면적 = ($\frac{사용하중}{허용지내력}$)

정답 | 01 ④　02 ②　03 ②　04 ⑤

05

( )에 들어갈 기초 명칭으로 옳은 것은? 　　　제23회

- (㉠)기초: 기둥이나 벽체의 밑면을 기초판으로 확대하여 상부구조의 하중을 지반에 직접 전달하는 기초
- (㉡)기초: 지하실 바닥 전체를 일체식으로 축조하여 상부구조의 하중을 지반 또는 지정에 전달하는 기초
- (㉢)기초: 벽 또는 일련의 기둥으로부터의 응력을 띠 모양으로 하여 지반 또는 지정에 전달하는 기초

	㉠	㉡	㉢		㉠	㉡	㉢
①	독립	온통	연속	②	독립	연속	온통
③	연속	직접	독립	④	직접	독립	연속
⑤	직접	온통	연속				

톺아보기

㉠ <u>직접기초</u>는 기둥이나 벽체의 밑면을 기초판으로 확대하여 상부구조의 하중을 지반에 직접 전달하는 기초이다.
㉡ <u>온통기초</u>는 지하실 바닥 전체를 일체식으로 축조하여 상부구조의 하중을 지반 또는 지정에 전달하는 기초이다.
㉢ <u>연속기초</u>는 벽 또는 일련의 기둥으로부터의 응력을 띠 모양으로 하여 지반 또는 지정에 전달하는 기초이다.

06

벽 또는 일련의 기둥으로부터의 응력을 띠 모양으로 하여 지반 또는 지정에 전달하는 기초의 형식은? 　　　제22회

① 병용기초　　② 독립기초
③ 연속기초　　④ 복합기초
⑤ 온통기초

톺아보기

연속기초 또는 줄기초는 조적조에 사용되는 기초로, 독립기초가 연속적으로 띠 모양을 한 기초이다.

07 건축물에 발생하는 부등침하의 원인으로 옳지 않은 것은? 제22회

① 서로 다른 기초 형식의 복합시공
② 풍화암지반에 기초를 시공
③ 연약지반의 분포 깊이가 다른 지반에 기초를 시공
④ 지하수위 변동으로 인한 지하수위의 상승
⑤ 증축으로 인한 하중의 불균형

톺아보기

풍화암도 일반지반에 비해 지내력이 우수하고, 풍화암에 대한 지내력만큼 하중을 받을 수 있어 부등침하의 원인에 해당되지는 않는다.

08 흙의 휴식각을 고려하여 별도의 흙막이를 설치하지 않는 터파기 공법은? 제26회

① 역타(top down)공법
② 어스앵커(earth anchor)공법
③ 오픈 컷(open cut)공법
④ 아일랜드(island)공법
⑤ 트랜치 컷(trench cut)공법

톺아보기

오픈 컷(open cut)공법은 흙막이공사를 하지 않고, 흙의 휴식각을 두고 터(기초)파기를 하는 공법이다.

정답 | 05 ⑤ 06 ③ 07 ② 08 ③

09

기초구조 및 터파기 공법에 관한 설명으로 옳은 것은? 제25회

① 서로 다른 종류의 지정을 사용하면 부등침하를 방지할 수 있다.
② 지중보는 부등침하 억제에 영향을 미치지 못한다.
③ 2개의 기둥에서 전달되는 하중을 1개의 기초판으로 지지하는 방식의 기초를 연속기초라고 한다.
④ 웰포인트공법은 점토질지반의 대표적인 연약지반 개량공법이다.
⑤ 중앙부를 먼저 굴토하고 구조체를 설치한 후, 외주부를 굴토하는 공법을 아일랜드컷공법이라 한다.

톺아보기

오답해설
① 같은 종류의 지정을 사용하면 부등침하를 방지할 수 있다.
② 지중보는 부등침하 억제에 영향을 준다.
★ ③ 2개의 기둥에서 전달되는 하중을 1개의 기초판으로 지지하는 방식의 기초를 복합기초라고 한다.
★ ④ 웰포인트공법은 사질지반의 대표적인 연약지반 개량공법이다.

10

흙막이공사에서 발생하는 현상에 관한 설명으로 옳은 것을 모두 고른 것은? 제23회

㉠ 히빙: 사질지반이 급속 하중에 의해 전단저항력을 상실하고 마치 액체와 같이 거동하는 현상
㉡ 파이핑: 부실한 흙막이의 이음새 또는 구멍을 통한 누수로 인해 토사가 유실되는 현상
㉢ 보일링: 연약한 점성토지반에서 땅파기 외측의 흙의 중량으로 인하여 땅파기된 저면이 부풀어오르는 현상

① ㉠   ② ㉡   ③ ㉠, ㉢
④ ㉡, ㉢   ⑤ ㉠, ㉡, ㉢

톺아보기

㉠ 히빙은 점토지반이 급속 하중에 의해 전단저항력을 상실하고 마치 액체와 같이 거동하는 현상이다.
㉢ 보일링은 연약한 사질토지반에서 땅파기 외측의 흙의 중량으로 인하여 땅파기된 저면이 부풀어오르는 현상이다.

정답 | 09 ⑤ 10 ②

제3장 / 조적구조

기본서 p.65~78

01 벽돌쌓기에 관한 설명으로 옳지 않은 것은? (단, 설계도서에 정한 바가 없는 경우)

제28회

① 내쌓기는 1켜씩 1/8B 또는 2켜씩 1/4B 내쌓는다.
② 기초쌓기는 1/4B로 1켜 또는 2켜씩 내어 쌓으며 기초벽돌 맨 밑면의 너비는 벽두께로 한다.
③ 공간쌓기는 바깥쪽을 주벽체로 하고 안쪽을 0.5B 쌓기로 한다.
④ 내화벽돌의 줄눈너비는 6mm를 표준으로 한다.
⑤ 창대벽돌 윗면은 15°C 정도의 경사로 옆세워 쌓는다.

톺아보기

기초쌓기는 1/4B로 1켜 또는 2켜씩 내어 쌓으며 기초벽돌 맨 밑면의 너비는 <u>벽두께의 2배</u>로 한다.

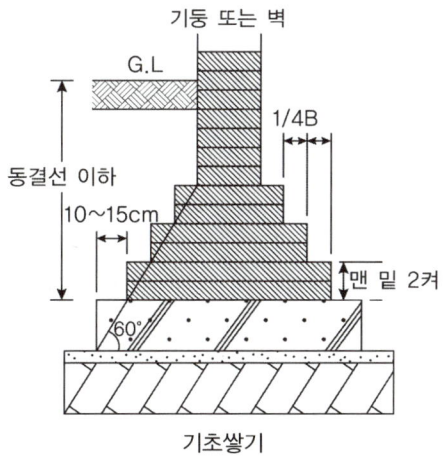

기초쌓기

정답 | 01 ②

제3장 조적구조 29

02 고열에 견디는 목적으로 불에 직접 면하는 벽난로 등에 사용하는 벽돌은? 제27회

① 시멘트벽돌
② 내화벽돌
③ 오지벽돌
④ 아치벽돌
⑤ 경량벽돌

톺아보기
내화벽돌은 고온에서 견딜 수 있는 벽돌로서 고온에서 연화나 체적의 변화가 없다.

03 벽돌공사에 관한 설명으로 옳은 것은? 제26회

① 벽량이란 내력벽 길이의 합을 그 층의 바닥면적으로 나눈 값으로 150mm/m² 미만이어야 한다.
② 공간쌓기에서 주벽체는 정한 바가 없을 경우 안벽으로 한다.
③ 점토 및 콘크리트 벽돌은 압축강도, 흡수율, 소성도의 품질기준을 모두 만족하여야 한다.
④ 거친아치쌓기란 벽돌을 쐐기모양으로 다듬어 만든 아치로 줄눈은 아치의 중심에 모이게 하여야 한다.
⑤ 미식쌓기는 다섯 켜 길이쌓기 후 그 위 한 켜 마구리쌓기를 하는 방식이다.

톺아보기
오답해설
① 벽량이란 내력벽 길이의 합을 그 층의 바닥면적으로 나눈 값으로 150mm/m² 이상이어야 한다.
② 공간쌓기에서 주벽체는 정한 바가 없을 경우 바깥벽으로 한다.
★ ③ 점토 벽돌의 품질기준은 압축강도, 흡수율을 기준으로 1종과 2종 벽돌로 구분하며, 콘크리트 벽돌은 압축강도, 흡수율, 기건비중을 기준으로 1종과 2종으로 구분한다.
★ ④ 벽돌을 쐐기모양으로 다듬어 만든 아치로, 줄눈을 아치의 중심에 모이게 하는 것은 본아치쌓기이다.

더 알아보기

거친아치쌓기는 보통벽돌을 사용하고, 줄눈을 쐐기모양으로 한다.

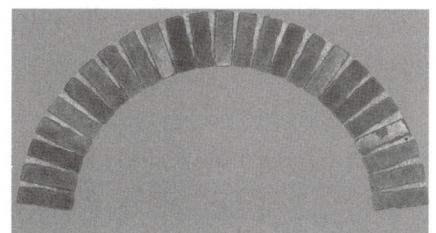
거친아치쌓기

본아치쌓기

04 상중하 치장을 목적으로 벽면에 구멍을 규칙적으로 만들어 쌓는 벽돌쌓기 방법은? 제26회

① 공간쌓기 ② 영롱쌓기
③ 내화쌓기 ④ 불식쌓기
⑤ 영식쌓기

톺아보기

★ 영롱쌓기는 치장이 목적으로 벽면에 구멍이 뚫리게 쌓는 방법이다.

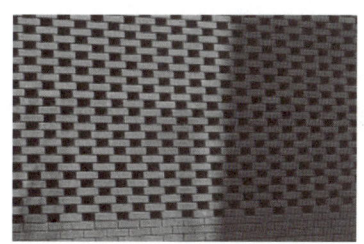 

영롱쌓기

정답 | 02 ② 03 ⑤ 04 ②

05 벽돌구조의 쌓기 방식에 관한 설명으로 옳지 않은 것은? 제25회

① 엇모쌓기는 벽돌을 45° 각도로 모서리가 면에 나오도록 쌓는 방식이다.
② 영롱쌓기는 벽돌벽에 구멍을 내어 쌓는 방식이다.
③ 공간쌓기는 벽돌벽의 중간에 공간을 두어 쌓는 방식이다.
④ 내쌓기는 장선 및 마루 등을 받치기 위해 벽돌을 벽면에서 내밀어 쌓는 방식이다.
⑤ 아치쌓기는 상부하중을 아치의 축선을 따라 인장력으로 하부에 전달되게 쌓는 방식이다.

톺아보기

★ 아치쌓기는 상부하중을 아치의 축선을 따라 직압(압축)력으로 하부에 전달되게 쌓는 방식이다.

아치의 하중 전달

06 조적공사에서 백화현상을 방지하기 위한 대책으로 옳지 않은 것은? 제24회

① 조립률이 큰 모래를 사용
② 분말도가 작은 시멘트를 사용
③ 물시멘트(W/C)비를 감소시킴
④ 벽면에 차양, 돌림띠 등을 설치
⑤ 흡수율이 작고 소성이 잘된 벽돌을 사용

톺아보기

분말도가 큰 시멘트를 사용하여 균열을 줄여 백화를 방지해야 한다.
분말도가 크면 시멘트 입자가 작아 물과 수화반응이 잘되어 단단한 벽돌을 만들 수 있다.

07 상중하

조적공사에 관한 설명으로 옳지 않은 것은? 제23회

① 창대벽돌의 위끝은 창대 밑에 15mm 정도 들어가 물리게 한다.
② 창문틀 사이는 모르타르로 빈틈없이 채우고 방수모르타르, 코킹 등으로 방수처리를 한다.
③ 창대벽돌의 윗면은 15° 정도의 경사로 옆세워 쌓는다.
④ 인방보는 좌우측 기둥이나 벽체에 50mm 이상 서로 물리도록 설치한다.
⑤ 인방보는 좌우의 벽체가 공간쌓기일 때에는 콘크리트가 그 공간에 떨어지지 않도록 벽돌 또는 철판 등으로 막고 설치한다.

톺아보기

★ 인방보는 좌우측 기둥이나 벽체에 <u>200mm 이상</u> 서로 물리도록 설치한다.

08 상중하

조적공사에 관한 설명으로 옳은 것은? 제22회

① 치장줄눈의 깊이는 1cm를 표준으로 한다.
② 공간쌓기의 목적은 방습, 방음, 단열, 방한, 방서이며, 공간 폭은 1.0B 이내로 한다.
③ 벽돌의 하루쌓기 높이는 최대 1.8m까지 한다.
④ 아치쌓기는 조적조에서 문꼴 너비가 1.5m 이하일 때는 평아치로 해도 좋다.
⑤ 조적조의 2층 건물에서 2층 내력벽의 높이는 4m 이하이다.

톺아보기

[오답해설]
① 치장줄눈의 깊이는 <u>6mm</u>를 표준으로 한다.
② 공간쌓기의 목적은 방습, 방음, 단열, 방한, 방서이며, 공간 폭은 <u>50~70mm</u> 이내로 한다.
★ ③ 벽돌의 하루쌓기 높이는 최대 <u>1.5m</u>까지 한다.
④ 아치쌓기는 조적조에서 문꼴 너비가 <u>1.0m</u> 이하일 때는 평아치로 해도 좋다.

정답 | 05 ⑤ 06 ② 07 ④ 08 ⑤

제4장 / 철근콘크리트구조

기본서 p.82~116

01 철근콘크리트구조의 특징에 관한 설명으로 옳지 않은 것은? 제28회

① 철근과 콘크리트의 선팽창계수는 거의 같다.
② 부착강도는 원형철근보다 이형철근이 우수하다.
③ 콘크리트는 압축력에 강하고 알칼리성이다.
④ 철근을 적절히 배치하면 건조수축 균열을 줄일 수 있다.
⑤ 피복두께는 주근 중심에서 콘크리트 표면까지의 최단거리를 말한다.

톺아보기

★ 피복두께는 띠철근 또는 늑근 외측에서 콘크리트 표면까지의 최단거리를 말한다.

02 철근과 콘크리트의 부착력에 영향을 주는 요인을 모두 고른 것은? 제26회

㉠ 콘크리트의 압축강도
㉡ 철근의 피복두께
㉢ 철근의 항복강도
㉣ 철근 표면의 상태

① ㉠, ㉡
② ㉡, ㉢
③ ㉢, ㉣
④ ㉠, ㉡, ㉣
⑤ ㉠, ㉡, ㉢, ㉣

톺아보기

㉢ 철근의 항복강도는 부착력과 관계가 없다.

03 철근콘크리트구조에 관한 설명으로 옳지 않은 것은? 제22회

① 콘크리트와 철근은 온도에 의한 선팽창계수가 비슷하여 일체화로 거동한다.
② 알칼리성인 콘크리트를 사용하여 철근의 부식을 방지한다.
③ 이형철근이 원형철근보다 콘크리트와의 부착강도가 크다.
④ 철근량이 같을 경우, 굵은 철근을 사용하는 것이 가는 철근을 사용하는 것보다 콘크리트와의 부착에 유리하다.
⑤ 건조수축 또는 온도변화에 의하여 콘크리트에 발생하는 균열을 방지하기 위해 사용되는 철근을 수축·온도철근이라 한다.

톺아보기

★ 철근량이 같을 경우, <u>가는 철근을 사용하는 것이 굵은 철근을 사용하는 것보다</u> 콘크리트와의 부착에 유리하다.

04 철근콘크리트 구조물의 내구성 저하요인으로 옳지 않은 것은? 제22회

① 수화반응으로 생긴 수산화칼슘
② 기상작용으로 인한 동결융해
③ 부식성 화학물질과의 반응으로 인한 화학적 침식
④ 알칼리 골재반응
⑤ 철근의 부식

톺아보기

수산화칼슘[$Ca(OH)_2$]은 소석회라고도 하며, 석회석을 원료로 하여 만든다. 수산화칼슘은 pH12.5 정도의 <u>강알칼리성</u>을 나타낸다. 따라서, 내구성 저하와 관련이 없다.

정답 | 01 ⑤ 02 ④ 03 ④ 04 ①

05 그림은 철근 표면에 새겨지는 기호의 예를 표시한 것이다. (가)의 '4'가 의미하는 것으로 옳은 것은?

제28회

```
K  HS  35  4
            (가)
```

① 이형철근 ② 일반철근
③ 철근강도 ④ 철근리브
⑤ 철근지름

톺아보기

(가)는 철근의 강도를 표시한 것이다.

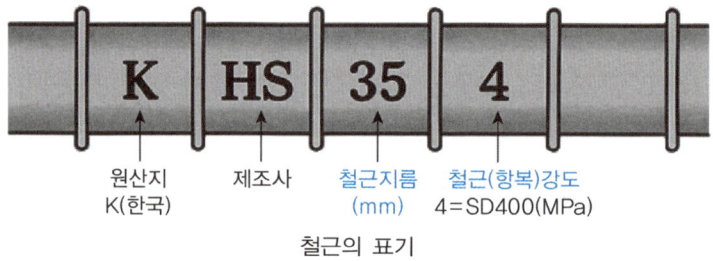

철근의 표기

06 철근의 배근 및 역할에 관한 설명으로 옳지 않은 것은?

제28회

① 기둥 띠철근은 주근의 좌굴방지와 전단보강의 역할을 한다.
② 보의 축방향 철근은 휨모멘트에 저항한다.
③ 슬래브 주근은 배력철근 안쪽인 슬래브 중심 가까이 배근한다.
④ 1방향 슬래브 주근은 단변방향 철근으로 휨모멘트에 저항한다.
⑤ 기둥 주근은 압축력에 주로 저항한다.

톺아보기

★ 슬래브 주근은 배력철근 바깥쪽인 슬래브 외부쪽에 배근한다.

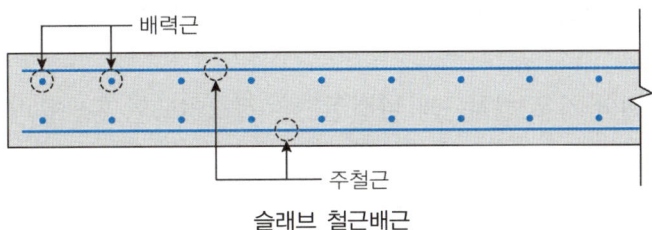

슬래브 철근배근

07 상중하

철근의 정착에 관한 설명으로 옳지 않은 것은? 제28회

① 기둥의 주근을 기초에 정착한다.
② 작은보(beam)의 주근을 기둥에 정착한다.
③ 직교하는 보 밑에 기둥이 없을 때 보의 주근을 보 상호간에 정착한다.
④ 지중보의 주근을 기초 또는 기둥에 정착한다.
⑤ 슬래브의 철근을 보 또는 벽체에 정착한다.

톺아보기

작은보(beam)의 주근을 큰보에 정착한다.

정답 | 05 ③ 06 ③ 07 ②

08 철근콘크리트구조의 철근배근에 관한 설명으로 옳지 않은 것은? 제27회

① 보부재의 경우 휨모멘트에 의해 주근을 배근하고, 전단력에 의해 스터럽을 배근한다.
② 기둥부재의 경우 띠철근과 나선철근은 콘크리트의 횡방향 벌어짐을 구속하는 효과가 있다.
③ 주철근에 갈고리를 둘 경우 인장철근보다는 압축철근의 정착길이 확보에 더 큰 효과가 있다.
④ 독립기초판의 주근은 주로 휨인장응력을 받는 하단에 배근된다.
⑤ 보 주근의 2단 배근에서 상하 철근의 순간격은 25mm 이상으로 한다.

톺아보기
주철근에 갈고리를 둘 경우 압축철근보다는 인장철근의 정착길이 확보에 더 큰 효과가 있다.

09 철근 및 철근배근에 관한 설명으로 옳은 것은? 제26회

① 전단철근이 배근된 보의 피복두께는 보 표면에서 주근 표면까지의 거리이다.
② SD400 철근은 항복강도 400N/mm²인 원형철근이다.
③ 나선기둥의 주근은 최소 4개로 한다.
④ 1방향 슬래브의 배력철근은 단변방향으로 배근한다.
⑤ 슬래브 주근은 배력철근보다 바깥쪽에 배근한다.

톺아보기
오답해설
① 전단철근이 배근된 보의 피복두께는 보 표면에서 늑근 표면까지의 거리이다.
★ ② SD400 철근은 항복강도 400N/mm²인 이형철근이다.
★ ③ 나선기둥의 주근은 최소 6개로 한다.
★ ④ 1방향 슬래브의 배력(수축·온도)철근은 장변방향으로 배근한다.

10 철근의 정착 및 이음에 관한 설명으로 옳은 것은? 제25회

① D35 철근은 인장겹침이음을 할 수 없다.
② 기둥의 주근은 큰보에 정착한다.
③ 지중보의 주근은 기초 또는 기둥에 정착한다.
④ 보의 주근은 슬래브에 정착한다.
⑤ 갈고리로 가공하는 것은 인장과 압축저항에 효과적이다.

톺아보기

오답해설
① D35를 초과하는 철근은 인장겹침이음을 할 수 없다.
② 기둥의 주근은 기초판에 정착한다.
★ ④ 큰보는 기둥에, 작은보는 큰보에 정착한다.
⑤ 갈고리로 가공하는 것은 인장저항에 효과적이다.

11 철근에 관한 설명으로 옳은 것은? 제23회

① 띠철근은 기둥 주근의 좌굴방지와 전단보강 역할을 한다.
② 갈고리(hook)는 집중하중을 분산시키거나 균열을 제어할 목적으로 설치한다.
③ 원형철근은 콘크리트와의 부착력을 높이기 위해 표면에 마디와 리브를 가공한 철근이다.
④ 스터럽(stirrup)은 보의 인장보강 및 주근 위치고정을 목적으로 배치한다.
⑤ SD400에서 400은 인장강도가 400MPa 이상을 의미한다.

톺아보기

오답해설
② 갈고리(hook)는 철근과 콘크리트의 부착강도를 증가시킬 목적으로 설치한다.
③ 이형철근은 콘크리트와의 부착력을 높이기 위해 표면에 마디와 리브를 가공한 철근이다.
④ 스터럽(stirrup)은 보의 전단보강 및 주근 위치고정을 목적으로 배치한다.
⑤ SD400에서 400은 항복강도가 400MPa 이상을 의미한다.

정답 | 08 ③ 09 ⑤ 10 ③ 11 ①

12. 굳지 않은 콘크리트의 특성에 관한 설명으로 옳지 않은 것은?

제25회

① 물의 양에 따른 반죽의 질기를 컨시스턴시(consistency)라고 한다.
② 재료분리가 발생하지 않는 범위에서 단위수량이 증가하면 워커빌리티(workability)는 증가한다.
③ 골재의 입도 및 입형은 워커빌리티(workability)에 영향을 미친다.
④ 물시멘트비가 커질수록 블리딩(bleeding)의 양은 증가한다.
⑤ 콘크리트의 온도는 공기량에 영향을 주지 않는다.

톺아보기

★ 온도가 높아지면 공기량이 감소하고, 온도가 낮아지면 공기량이 증가한다.

13. 콘크리트의 재료분리 발생원인이 아닌 것은?

제24회

① 모르타르의 점성이 작은 경우
② 부어 넣는 높이가 높은 경우
③ 입경이 작고 표면이 거친 구형의 골재를 사용한 경우
④ 단위수량이 너무 많은 경우
⑤ 운반이나 다짐시 심한 진동을 가한 경우

톺아보기

입경(크기)이 크고 표면이 매끈한 구형의 골재를 사용한 경우는 콘크리트의 재료분리가 발생된다.

14 콘크리트의 균열에 관한 설명으로 옳은 것은? 제24회

① 침하균열을 콘크리트의 표면에서 물의 증발속도가 블리딩속도보다 빠른 경우에 발생한다.
② 소성수축균열은 굵은 철근 아래의 공극으로 콘크리트가 침하하여 철근 위에 발생한다.
③ 하중에 의한 균열은 설계하중을 초과하거나 부동침하 등의 원인으로 생기며, 주로 망상균열이 불규칙하게 발생한다.
④ 온도균열은 콘크리트의 내·외부 온도차가 클수록, 단면치수가 클수록 발생하기 쉽다.
⑤ 건조수축균열은 콘크리트 경화 전 수분의 증발에 의한 체적 증가로 발생한다.

톺아보기

오답해설
① 소성수축균열은 콘크리트의 표면에서 물의 증발속도가 블리딩속도보다 빠른 경우에 발생한다.
② 침하균열은 굵은 철근 아래의 공극으로 콘크리트가 침하하여 철근 위에 발생한다.
③ 하중에 의한 균열은 설계하중을 초과하거나 부동침하 등의 원인으로 생기며, 주로 전단균열이나 사인장균열 등이 발생한다.
★ ⑤ 건조수축균열은 콘크리트 경화 후에 수분의 증발에 의한 체적 감소로 발생한다.

정답 | 12 ⑤ 13 ③ 14 ④

15 콘크리트 줄눈에 관한 설명으로 옳지 않은 것은? 제23회

① 신축줄눈은 콘크리트의 수축, 팽창 등에 따른 균열 발생 방지를 위해 설치하는 줄눈이다.
② 조절줄눈은 균열을 일정한 곳에서만 일어나도록 유도하기 위해 균열이 예상되는 위치에 설치하는 줄눈이다.
③ 지연줄눈은 일정 부위를 남겨 놓고 콘크리트를 타설한 후, 초기 수축균열을 진행시킨 다음 최종 타설할 때 발생하는 줄눈이다.
④ 슬라이딩조인트는 슬래브나 보가 단순 지지되어 있을 때, 수평방향으로 미끄러질 수 있도록 설치하는 줄눈이다.
⑤ 콜드조인트는 기온이 낮을 때 동결융해 방지를 위해 설치하는 줄눈이다.

톺아보기

콜드조인트는 시공 전에 계획하지 않은 곳에서 생겨난 이음으로서, 먼저 타설된 콘크리트와 나중에 타설되는 콘크리트 사이에 완전히 일체화되지 않은 이음 부위이다.

---

16 콘크리트의 슬럼프시험으로 판단할 수 있는 것은? 제23회

① 시공연도 ② 크리프
③ 중성화 ④ 내구성
⑤ 수밀성

톺아보기

★ 콘크리트의 슬럼프시험은 콘크리트의 반죽 질기를 측정하는 시험으로, 시공연도를 측정하는 현장시험이다.

17. 콘크리트공사에 관한 설명으로 옳지 않은 것은?

제22회

① 보 및 기둥의 측면 거푸집은 콘크리트 압축강도가 5MPa 이상일 때 해체할 수 있다.
② 콘크리트의 배합에서 작업에 적합한 워커빌리티를 갖는 범위 내에서 단위수량은 될 수 있는 대로 적게 한다.
③ 콘크리트 혼합부터 부어 넣기까지의 시간한도는 외기온이 25℃ 미만에서 120분, 25℃ 이상에서는 90분으로 한다.
④ VH(Vertical Horizontal) 분리타설은 수직부재를 먼저 타설하고, 수평부재를 나중에 타설하는 공법이다.
⑤ 거푸집의 콘크리트 측압은 슬럼프가 클수록, 온도가 높을수록, 부배합일수록 크다.

톺아보기
거푸집의 콘크리트 측압은 슬럼프가 클수록, <u>온도가 낮을수록</u>, 부배합일수록 크다.

18. 철근콘크리트구조에 관한 설명으로 옳지 않은 것은?

제27회

① 2방향 슬래브의 경우 단변과 장변의 양방향으로 하중이 전달된다.
② 복근 직사각형 보의 경우 보 단면의 인장 및 압축 양측에 철근이 배근된다.
③ T형 보는 보와 슬래브가 일체화되어 슬래브의 일부분이 보의 플랜지를 형성한다.
④ 내력벽은 자중과 더불어 상부층의 연직하중을 지지하는 벽체이다.
⑤ 내력벽의 철근배근 간격은 벽두께의 5배 이하, 500mm 이하로 한다.

톺아보기
내력벽의 철근배근 간격은 벽두께의 <u>3배 이하, 450mm 이하</u>로 한다.

정답 | 15 ⑤ 16 ① 17 ⑤ 18 ⑤

19 철근콘크리트 구조물의 균열 및 처짐에 관한 설명으로 옳은 것은? 제27회

① 보 단부의 사인장균열은 압축응력과 휨응력의 조합에 의한 응력으로 발생한다.
② 보 단부의 사인장균열을 방지하기 위해 주로 수평철근으로 보강한다.
③ 연직하중을 받는 단순보의 중앙부 상단에서 휨인장응력에 의한 수직방향의 균열이 발생한다.
④ 압축철근비가 클수록 장기처짐은 증가한다.
⑤ 1방향 슬래브의 장변방향으로는 건조수축 및 온도변화에 따른 균열방지용 철근을 배근한다.

톺아보기

오답해설
① 보 단부의 사인장균열은 <u>전단응력</u>과 휨응력의 조합에 의한 응력으로 발생한다.
★ ② 보 단부의 사인장균열을 방지하기 위해 주로 <u>늑근(스터럽)</u>으로 보강한다.
③ 연직하중을 받는 단순보의 중앙부 <u>하단</u>에서 휨인장응력에 의한 수직방향의 균열이 발생한다.
★ ④ 압축철근비가 클수록 장기처짐은 <u>감소</u>한다.

---

20 철근콘크리트 보의 균열 및 배근에 관한 설명으로 옳지 않은 것은? 제26회

① 늑근은 단부보다 중앙부에 많이 배근한다.
② 전단균열은 사인장균열 형태로 나타난다.
③ 양단 고정단 보의 단부주근은 상부에 배근한다.
④ 주근은 휨균열 발생을 억제하기 위해 배근한다.
⑤ 휨균열은 보 중앙부에서 수직에 가까운 형태로 발생한다.

톺아보기

★ 늑근은 중앙부보다 <u>단부에 많이</u> 배근한다.

21 철근콘크리트구조의 특성에 관한 설명으로 옳은 것은? 제25회

① 콘크리트 탄성계수는 인장시험에 의해 결정된다.
② SD400 철근의 항복강도는 400N/mm이다.
③ 스터럽은 보의 사인장균열을 방지할 목적으로 설치한다.
④ 나선철근은 기둥의 휨내력 성능을 향상시킬 목적으로 설치한다.
⑤ 1방향 슬래브의 경우 단변방향보다 장변방향으로 하중이 더 많이 전달된다.

톺아보기

★ ③ 스터럽은 보의 사인장균열을 방지할 목적으로 설치한다.

오답해설
① 콘크리트 탄성계수는 콘크리트 원주공시체 정탄성계수 및 포아송비 시험 방법 등에 의해 결정된다.
② SD400 철근의 항복강도는 400N/mm^{2}이다.
④ 축방향(주근)철근은 기둥의 휨내력 성능을 향상시킬 목적으로 설치한다.
★ ⑤ 1방향 슬래브의 경우 장변방향보다 단변방향으로 하중이 더 많이 전달된다.

정답 | 19 ⑤ 20 ① 21 ③

22 철근콘크리트공사에 관한 설명으로 옳은 것은?

제23회

① 콘크리트 타설 후 양생기간 동안의 일평균 기온이 4°C 이하인 경우 서중콘크리트로 시공한다.
② 거푸집이 오므라드는 것을 방지하고, 거푸집 상호간의 간격을 유지하기 위해 간격재(spacer)를 배치한다.
③ 보에서의 이어붓기는 스팬 중앙에서 수직으로 한다.
④ 보의 철근이음시 하부주근은 중앙부에서 이음한다.
⑤ 콘크리트의 소요강도는 배합강도보다 충분히 커야 한다.

톺아보기

③ 보에서의 이어붓기(시공이음)는 스팬 중앙에서 수직으로 한다.

오답해설
① 콘크리트 타설 후 양생기간 동안의 일평균 기온이 4°C 이하인 경우 한중콘크리트로 시공한다.
★ ② 거푸집이 오므라드는 것을 방지하고, 거푸집 상호간의 간격을 유지하기 위해 격리재(세퍼레이터, Separator)를 배치한다.
★ ④ 보의 철근이음시 하부주근은 단부에서 이음한다.
⑤ 콘크리트의 배합강도는 소요강도보다 충분히 커야 한다.

23 철근콘크리트공사에 관한 설명으로 옳은 것은?

제24회

① 간격재는 거푸집 상호간에 일정한 간격을 유지하기 위한 것이다.
② 철근조립시 철근의 간격은 철근 지름의 1.25배 이상, 굵은 골재에 최대치수의 1.5배 이상, 25mm 이상의 세 가지 값 중 최댓값을 사용한다.
③ 기둥의 철근 피복두께는 띠철근(hoop) 외면이 아닌 주철근 외면에서 콘크리트 표면까지의 거리를 말한다.
④ 거푸집의 존치기간을 콘크리트 압축강도 기준으로 결정할 경우에 기둥, 보, 벽 등의 측면은 최소 14MPa 이상으로 한다.
⑤ 콘크리트의 설계기준 압축강도가 30MPa인 경우에 옥외의 공기에 직접 노출되지 않는 철근콘크리트보의 최소피복두께는 40mm이다.

톺아보기

오답해설
① 격리재는 거푸집 상호간에 일정한 간격을 유지하기 위한 것이다.
② 철근조립시 동일 평면에서 평행한 철근 사이의 수평 순간격은 25mm 이상, 철근의 공칭지름 이상으로 하여야 한다.
③ 기둥의 철근 피복두께는 띠철근(hoop) 외면에서 콘크리트 표면까지의 거리를 말한다.
★ ④ 거푸집의 존치기간을 콘크리트 압축강도 기준으로 결정할 경우에 기둥, 보, 벽 등의 측면은 최소 5MPa 이상으로 한다.

정답 | 22 ③ 23 ⑤

제5장 / 철골(강)구조

기본서 p.122~145

01 강판 두께가 20mm인 SM275 구조용 강재의 항복강도는?

제28회

① 235MPa
② 245MPa
③ 255MPa
④ 265MPa
⑤ 275MPa

톺아보기

주요 구조용 강재의 항복강도(MPa)(KDS 14 30 10)

강도	강판 두께	SS275	SM275 SMA275	SM355 SMA355
항복강도	16mm 이하	275	275	355
	16mm 초과 40mm 이하	265	265	345
	40mm 초과 75mm 이하	245	255	335
	75mm 초과 100mm 이하		245	325

02 구조용 강재에 관한 설명으로 옳지 않은 것은?

제27회

① 강재의 화학적 성질에서 탄소량이 증가하면 강도는 감소하나, 연성과 용접성은 증가한다.
② SN은 건축구조용 압연강재를 의미한다.
③ TMCP강은 극후판의 용접성과 내진성을 개선한 제어열처리강이다.
④ 판 두께 16mm 이하인 경우 SS275의 항복강도는 275MPa이다.
⑤ 판 두께 16mm 초과, 40mm 이하인 경우 SM355의 항복강도는 345MPa이다.

톺아보기

강재의 화학적 성질에서 탄소량이 증가하면 강도는 증가하나, 연성과 용접성은 감소한다.

---

03 구조용 강재의 재질 표시로 옳지 않은 것은? 제25회

상중하

① 일반구조용 압연강재: SS
② 용접구조용 압연강재: SM
③ 용접구조용 내후성 열간압연강재: SMA
④ 건축구조용 압연강재: SSC
⑤ 건축구조용 열간압연 H형강: SHN

톺아보기

★ 건축구조용 압연강재는 SN이다.

---

04 철골구조에 관한 설명으로 옳지 않은 것은? 제24회

상중하

① 단면에 비하여 부재의 길이가 길고 두께가 얇아 좌굴되기 쉽다.
② 접합부의 시공과 품질관리가 어렵기 때문에 신중한 설계가 필요하다.
③ 강재의 취성파괴는 고온에서 인장할 때 또는 갑작스런 하중의 집중으로 생기기 쉽다.
④ 담금질은 강을 가열한 후 급랭하여 강도와 경도를 향상시키는 열처리 작업이다.
⑤ 고장력볼트 접합은 철골부재간의 마찰력에 의해 응력을 전달하는 방식이다.

톺아보기

강재의 취성파괴는 저온에서 인장할 때 또는 갑작스런 하중의 집중으로 생기기 쉽다.

정답 | 01 ④ 02 ① 03 ④ 04 ③

05 철골구조의 장점 및 단점에 관한 설명으로 옳지 않은 것은?

제22회

① 강재는 재질이 균등하며, 강도가 커서 철근콘크리트에 비해 건물의 중량이 가볍다.
② 장경간 구조물이나 고층건축물을 축조할 수 있다.
③ 시공정밀도가 요구되어 공사기간이 철근콘크리트에 비해 길다.
④ 고열에 약해 내화설계에 의한 내화피복을 해야 한다.
⑤ 압축력에 대해 좌굴하기 쉽다.

톺아보기

철골구조는 시공정밀도가 요구되나 부재의 공장제작으로 공사기간이 철근콘크리트구조에 비해 짧다.

06 그림에 나타낸 용접기호에 관한 설명으로 옳지 않은 것은?

제28회

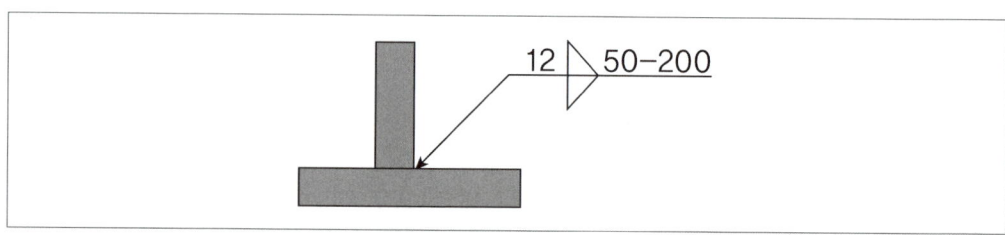

① 유효목두께는 12mm
② 용접길이는 50mm
③ 용접피치는 200mm
④ 모살(fillet)용접
⑤ 병렬용접

톺아보기

용접도시 기호

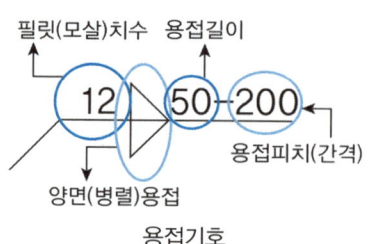

용접기호

07 철골구조의 접합에 관한 설명으로 옳은 것은? 제27회

① 고장력볼트 F10T-M24의 표준구멍지름은 26mm이다.
② 고장력볼트의 경우 표준볼트장력은 설계볼트장력을 10% 할증한 값으로 한다.
③ 플러그용접은 겹침이음에서 전단응력보다는 휨응력을 주로 전달하게 해준다.
④ 필릿용접의 유효단면적은 유효목두께의 2배에 유효길이를 곱한 것이다.
⑤ 용접을 먼저 한 후 고장력볼트를 시공한 경우 접합부의 내력은 양쪽 접합내력의 합으로 본다.

톺아보기

오답해설
① 고장력볼트 F10T-M24의 표준구멍지름은 27mm이다(M16~22 = +2mm, M24~30 = +3mm).
③ 플러그용접은 겹침이음에서 전단응력을 주로 전달하게 해준다.

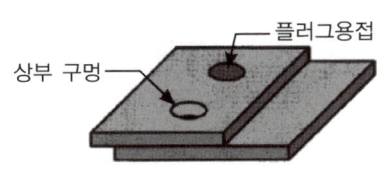 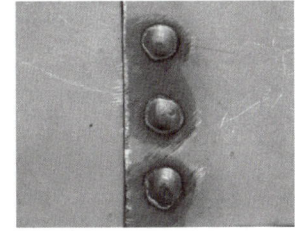

플러그용접

★ ④ 필릿용접의 유효단면적은 유효목두께에 유효길이를 곱한 것이다.
★ ⑤ 용접을 먼저 한 후 고장력볼트를 시공한 경우 접합부의 내력은 용접만의 접합내력으로 본다.

정답 | 05 ③ 06 ① 07 ②

08

철골구조 용접접합에서 두 접합재의 면을 가공하지 않고 직각으로 맞추어 겹쳐지는 모서리 부분을 용접하는 방식은?

제25회

① 그루브(groove)용접
② 필릿(fillet)용접
③ 플러그(plug)용접
④ 슬롯(slot)용접
⑤ 스터드(stud)용접

톺아보기

필릿용접이란 용접되는 부재의 교차되는 면 사이에 일반적으로 삼각형의 단면이 만들어지는 용접(fillet weld)을 말한다.

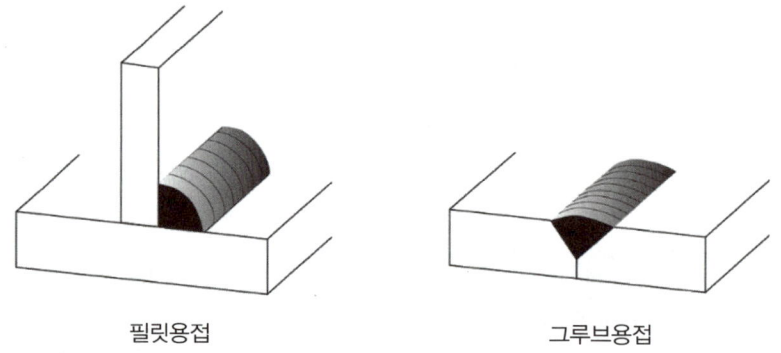

필릿용접   그루브용접

09

철골구조에 관한 설명으로 옳은 것을 모두 고른 것은?

제25회

㉠ 고장력볼트를 먼저 시공한 후 용접을 한 경우, 응력은 용접이 모두 부담한다.
㉡ H형강보의 플랜지(flange)는 휨모멘트에 저항하고, 웨브(web)는 전단력에 저항한다.
㉢ 볼트접합은 구조안전성, 시공성 모두 우수하기 때문에 구조내력상 주요 부분 접합에 널리 적용된다.
㉣ 철골보와 콘크리트슬래브 연결부에는 쉬어커넥터(shear connector)가 사용된다.

① ㉠, ㉢
② ㉠, ㉣
③ ㉡, ㉢
④ ㉡, ㉣
⑤ ㉢, ㉣

톺아보기

★ ㉠ 고장력볼트를 먼저 시공한 후 용접을 한 경우, 응력은 <u>각각 부담</u>한다.
  ㉡ <u>고장력볼트</u>접합은 구조안전성, 시공성 모두 우수하기 때문에 구조내력상 주요 부분 접합에 널리 적용된다.

---

10 철골구조의 접합에 관한 설명으로 옳은 것을 모두 고른 것은? 제23회

상 중 하

㉠ 볼트접합은 주요 구조부재의 접합에 주로 사용된다.
㉡ 용접금속과 모재가 융합되지 않고 겹쳐지는 용접결함을 언더컷이라고 한다.
㉢ 볼트접합에서 게이지라인상의 볼트 중심간 간격을 피치라고 한다.
㉣ 용접을 먼저 시공하고 고력볼트를 시공하면 용접이 전체 하중을 부담한다.

① ㉠, ㉡
② ㉠, ㉣
③ ㉢, ㉣
④ ㉠, ㉡, ㉢
⑤ ㉡, ㉢, ㉣

톺아보기

  ㉠ <u>(일반)</u>볼트접합은 주요 구조부재의 접합에 사용이 <u>금지되며, 임시조립용, 가조립용으로 사용</u>된다.
★ ㉡ 용접금속과 모재가 융합되지 않고 겹쳐지는 용접결함을 <u>오버랩</u>이라고 한다.

정답 | 08 ② 09 ④ 10 ③

11 철골구조의 접합에 관한 설명으로 옳지 않은 것은?   제22회

① 일반볼트접합은 가설건축물 등에 제한적으로 사용되며, 높은 강성이 요구되는 주요 구조부분에는 사용하지 않는다.
② 언더컷은 약한 전류로 인해 생기는 용접결함의 하나이다.
③ 용접봉의 피복제 역할을 하는 분말상의 재료를 플럭스라 한다.
④ 고장력볼트의 접합은 응력집중이 적으므로 반복응력에 강하다.
⑤ 고장력볼트 마찰접합부의 마찰면은 녹막이칠을 하지 않는다.

톺아보기

★ 언더컷(under cut)은 강한 전류로 인해 생기는 용접결함의 하나이다.

더 알아보기

오버랩(over lap)은 약한 전류로 인해 생기는 용접결함의 하나이다.

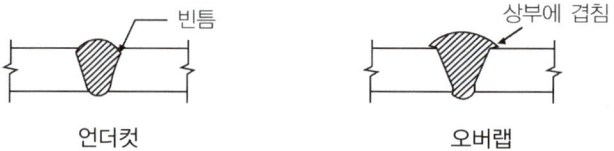

12 철골조 내화피복공법에 관한 설명으로 옳지 않은 것은?   제26회

① 화재발생시 지정된 시간 동안 철골부재의 내력을 유지하기 위하여 내화피복을 실시한다.
② 성형판 붙임공법은 작업능률이 우수하나, 재료 파손의 우려가 있다.
③ 뿜칠공법은 복잡한 형상에도 시공이 가능하며 균일한 피복두께의 확보가 용이하다.
④ 타설공법은 거푸집을 설치하여 철골부재에 콘크리트 등을 타설하는 공법이다.
⑤ 미장공법은 시공면적 5m²당 1개소 단위로 핀 등을 이용하여 두께를 확인한다.

톺아보기

뿜칠공법은 복잡한 형상에도 시공이 가능하나, 피복두께가 균일하지 못하다.

13 철골공사 용어에 관한 설명으로 옳지 않은 것은? 제26회

① 커버 플레이트(cover plate): 휨모멘트 저항
② 스티프너(stiffener): 웨브(web) 좌굴방지
③ 스터드 볼트(stud bolt): 휨 연결철물
④ 플랜지(flange): 휨모멘트 저항
⑤ 크레이터(crater): 용접결함

톺아보기

★ 스터드 볼트[(stud bolt) = 시어커넥터(Shear connector)]는 <u>전단력 보강</u> 및 부재의 일체화를 위한 것이다.

더 알아보기
강재 보의 명칭

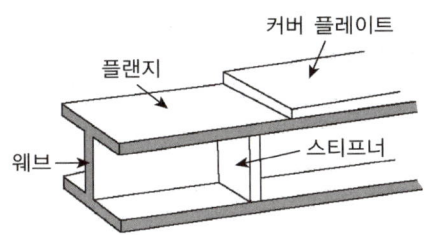

정답 | 11 ② 12 ③ 13 ③

14 H형강보의 웨브를 지그재그로 절단한 후, 위아래를 어긋나게 용접하여 육각형의 구멍이 뚫린 보는?

제25회

① 래티스보
② 허니콤보
③ 격자보
④ 판보
⑤ 합성보

톺아보기

허니컴보는 웨브부분에 6각형 구멍을 뚫어 만든 보이다.

 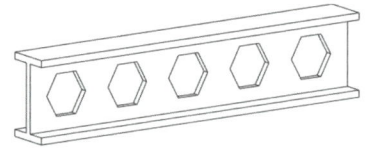

허니컴보(Honeycomb Beam)

15 상중하

철골구조의 내화피복공법에 관한 설명으로 옳지 않은 것은? 제24회

① 12/50[최고층수/최고높이(m)]를 초과하는 주거시설의 보·기둥은 2시간 이상의 내화구조 성능기준을 만족해야 한다.
② 뿜칠공법은 작업성능이 우수하고 시공가격이 저렴하지만 피복두께 및 밀도의 관리가 어렵다.
③ 합성공법은 이종재료의 적층이나 이질재료의 접합으로 일체화하여 내화성능을 발휘하는 공법이다.
④ 도장공법의 내화도료는 화재시 강재의 표면 도막이 발포·팽창하여 단열층을 형성한다.
⑤ 건식공법은 내화 및 단열성이 좋은 경량 성형판을 연결철물 또는 접착제를 이용해 부착하는 공법이다.

톺아보기

12/50[최고층수/최고높이(m)]를 초과하는 주거시설의 보·기둥은 <u>3시간</u> 이상의 내화구조 성능기준을 만족해야 한다.

정답 | 14 ② 15 ①

제6장 / 지붕공사

기본서 p.150~155

01

□□□
상 **중** 하

지붕경사에 관한 설명으로 옳은 것은? 제28회

① 지붕경사란 수직방향의 높이에 대한 수평방향 길이의 비이다.
② 평지붕이란 지붕의 경사가 1/5 이하인 지붕이다.
③ 완경사지붕이란 경사가 1/7~1/4 미만인 지붕이다.
④ 일반경사지붕이란 경사가 1/4~3/4 미만인 지붕이다.
⑤ 급경사지붕이란 경사가 3/5 이상인 지붕이다.

톺아보기

오답해설
① 지붕경사란 수평방향의 길이에 대한 수직방향 높이의 비이다.
★ ② 평지붕이란 지붕의 경사가 1/6 이하인 지붕이다.
③ 완경사지붕이란 경사가 1/6~1/4 미만인 지붕이다.
⑤ 급경사지붕이란 경사가 3/4 이상인 지붕이다.

02

□□□
상 중 **하**

지붕 및 홈통공사에 관한 설명으로 옳은 것은? 제27회

① 지붕 면적이 클수록 물매는 작게 하는 것이 좋다.
② 되물매란 경사가 30°일 때의 물매를 말한다.
③ 지붕 위에 작은 지붕을 설치하는 것은 박공지붕이다.
④ 수평 거멀접기는 이음방향이 배수방향과 평행한 방향으로 설치한다.
⑤ 장식홈통은 선홈통 하부에 설치되며, 장식기능 이외에 우수방향을 돌리거나 넘쳐흐름을 방지한다.

톺아보기

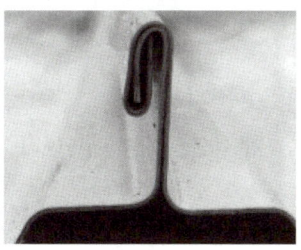

거멀접기

오답해설
① 지붕 면적이 클수록 물매는 크게 하는 것이 좋다.
★ ② 되물매란 경사가 45°일 때의 물매를 말한다.

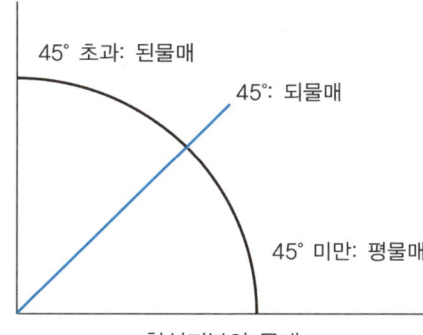

한식지붕의 물매

③ 지붕 위에 작은 지붕을 설치하는 것은 솟을지붕이다.

박공지붕   솟을지붕

⑤ 장식홈통은 선홈통 상부에 설치되며, 장식기능 이외에 우수방향을 돌리거나 넘쳐 흐름을 방지한다.

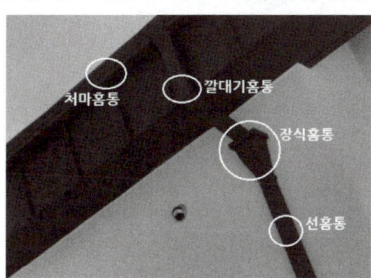

홈통의 명칭

정답 | 01 ④   02 ④

03 모임지붕 물매의 상하를 다르게 한 지붕으로 천장 속을 높게 이용할 수 있고, 비교적 큰 실내구성에 용이한 지붕은? 제25회

① 합각지붕
② 솟을지붕
③ 꺾임지붕
④ 맨사드(mansard)지붕
⑤ 부섭지붕

톺아보기

맨사드지붕에 대한 설명이다.

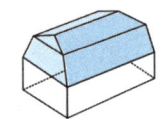

맨사드(mansard)지붕

04 지붕의 경사(물매)에 관한 설명으로 옳지 않은 것은? 제24회

① 되물매는 경사 1 : 2 물매이다.
② 평물매는 경사 45° 미만의 물매이다.
③ 반물매는 평물매의 1/2 물매이다.
④ 급경사지붕은 경사가 3/4 이상의 지붕이다.
⑤ 평지붕은 경사가 1/6 이하의 지붕이다.

톺아보기

되물매는 경사 1 : 1(45°) 물매이다.

05 지붕의 형태와 명칭의 연결이 옳지 않은 것은?   제23회

①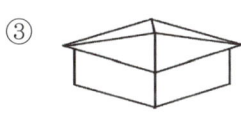
외쪽지붕

②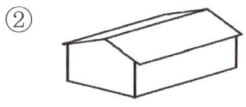
박공지붕

③
합각지붕

④
눈썹지붕

⑤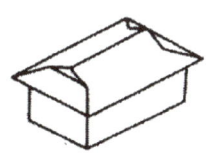
평지붕

톺아보기

③은 모임지붕이다.

합각지붕

정답 | 03 ④　04 ①　05 ③

06 지붕 및 흠통공사에 관한 설명으로 옳은 것은? 제22회

① 지붕의 물매가 1/6보다 큰 지붕을 평지붕이라고 한다.
② 평잇기 금속지붕의 물매는 1/4 이상이어야 한다.
③ 지붕 하부 데크의 처짐은 경사가 1/50 이하의 경우에 별도로 지정하지 않는 한 1/120 이내이어야 한다.
④ 처마홈통의 이음부는 겹침부분이 최소 25mm 이상 겹치도록 제작하고, 연결철물은 최대 60mm 이하의 간격으로 설치·고정한다.
⑤ 선홈통은 최장길이 3,000mm 이하로 제작·설치한다.

톺아보기

오답해설
① 지붕의 물매가 <u>1/6 이하</u>인 지붕을 평지붕이라고 한다.
② 평잇기 금속지붕의 물매는 <u>1/2</u> 이상이어야 한다.
③ 지붕 하부 데크의 처짐은 경사가 1/50 이하의 경우에 별도로 지정하지 않는 한 <u>1/240</u> 이내이어야 한다.
④ 처마홈통의 이음부는 겹침부분이 최소 <u>30mm</u> 이상 겹치도록 제작하고, 연결철물은 최대 <u>50mm</u> 이하의 간격으로 설치·고정한다.

정답 | 06 ⑤

제7장 / 방수 및 방습공사

기본서 p.158~172

01 상중하

방수공사에 관한 설명으로 옳은 것은? 제28회

① 건조한 바탕을 전제로 할 때, 바탕면 함수상태는 12% 이하로 관리하여야 한다.
② 바탕표면에 발생한 요철은 방수재료와의 부착에 유리하므로 존치해도 된다.
③ 구배는 방수층보다는 구조체에 두어 하중 증가를 막고 배수를 원활하게 한다.
④ 바탕청소를 위한 고압 물세척은 방수에 불리하므로 실시하지 않는다.
⑤ 바탕표면 강도가 부족하더라도 방수층으로 덮이므로 청소 후 방수공사를 진행한다.

톺아보기

오답해설

★ ① 건조한 바탕을 전제로 할 때, 바탕면 함수상태는 <u>8%</u> 이하로 관리하여야 한다.
② 바탕표면에 발생한 요철은 방수재료와의 부착에 <u>불리하므로 제거</u>해야 된다.
④ 바탕청소를 위한 고압 물세척은 <u>반드시 실시</u>한다.
⑤ 바탕표면 강도가 부족한 경우에는 <u>바탕면의 강도를 확보한 후에 방수</u>를 진행한다.

02 상중하

콘크리트 구조체의 누수균열 보수용 주입재가 아닌 것은? 제28회

① 합성고무계 폴리머 겔
② 벤토나이트 겔
③ 수계 아크릴 겔
④ 친수성 에폭시 수지계
⑤ 폴리(발포) 우레탄계

톺아보기

벤토나이트는 건조상태에서 수분을 흡수하여 팽창하는 성질이 있으며, 점성이 뛰어나 물과 혼합되면 반죽형태를 나타내 주로 <u>방수용 재료</u>로 사용된다. 표준시방서에서도 벤토나이트 방수가 별도로 분리되어 있다(KCS 41 40 11 벤토나이트 방수공사).

정답 | 01 ③ 02 ②

03 방수공사에 관한 설명으로 옳지 않은 것은? 제27회

① 아스팔트 프라이머는 바탕면과 방수층을 밀착시킬 목적으로 사용한다.
② 안방수는 바깥방수에 비해 수압이 작고 얕은 지하실 방수공사에 적합하다.
③ 멤브레인방수는 불투수성 피막을 형성하는 방수공사이다.
④ 시멘트액체방수시 치켜올림 부위의 겹침 폭은 30mm 이상으로 한다.
⑤ 백업재는 실링재의 줄눈 깊이를 소정의 위치로 유지하기 위해 줄눈에 충전하는 성형재료이다.

톺아보기

시멘트액체방수시 치켜올림 부위의 겹침 폭은 100mm 이상으로 한다.

04 방수공사에 관한 설명으로 옳은 것은? 제26회

① 기상조건은 방수층의 품질 및 성능에 큰 영향을 미치지 않는다.
② 안방수공법은 수압이 크고 깊은 지하실 방수공사에 적합하다.
③ 도막방수공법은 이음매가 있어 일체성이 좋지 않다.
④ 아스팔트 프라이머는 방수층과 바탕면의 부착력을 증대시키는 역할을 한다.
⑤ 아스팔트방수는 보호누름이 필요하지 않다.

톺아보기

오답해설
① 기상조건은 방수층의 품질 및 성능에 큰 영향을 미친다.
② 바깥방수공법은 수압이 크고 깊은 지하실 방수공사에 적합하다.
③ 도막방수공법은 이음매가 없어 일체성이 좋다.
★ ⑤ 아스팔트방수는 보호누름이 반드시 필요하다.

05 아스팔트방수와 비교한 시멘트액체방수의 특성에 관한 설명으로 옳지 않은 것은?

제26회

① 방수층의 신축성이 작다.
② 결함부의 발견이 어렵다.
③ 공사비가 비교적 저렴하다.
④ 시공에 소요되는 시간이 짧다.
⑤ 균열의 발생빈도가 높다.

톺아보기

시멘트액체방수는 결함부의 발견이 용이하다.

06 방수공법에 관한 설명으로 옳지 않은 것은?

제25회

① 시멘트액체방수는 모체에 균열이 발생하여도 방수층 손상이 효과적으로 방지된다.
② 아스팔트방수는 방수층 보호를 위해 보호누름 처리가 필요하다.
③ 도막방수는 도료상의 방수재를 여러 번 발라 방수막을 형성하는 방식이다.
④ 바깥방수는 수압이 강하고 깊은 지하실 방수에 사용된다.
⑤ 실링방수는 접합부, 줄눈, 균열부위 등에 적용하는 방식이다.

톺아보기

★ 시멘트액체방수는 모체에 균열이 발생하면 방수층에 치명적인 손상이 생긴다.

더 알아보기
아스팔트방수는 모체에 균열이 발생하여도 방수층의 손상이 작다.

정답 | 03 ④ 04 ④ 05 ② 06 ①

07 개량아스팔트 시트방수의 시공순서로 옳은 것은?

제25회

> ㉠ 보호 및 마감 ㉡ 특수부위 처리
> ㉢ 프라이머 도포 ㉣ 바탕처리
> ㉤ 개량아스팔트 시트 붙이기

① ㉣ ⇨ ㉠ ⇨ ㉤ ⇨ ㉡ ⇨ ㉢
② ㉣ ⇨ ㉡ ⇨ ㉠ ⇨ ㉢ ⇨ ㉤
③ ㉣ ⇨ ㉡ ⇨ ㉢ ⇨ ㉤ ⇨ ㉠
④ ㉣ ⇨ ㉢ ⇨ ㉡ ⇨ ㉠ ⇨ ㉤
⑤ ㉣ ⇨ ㉢ ⇨ ㉤ ⇨ ㉡ ⇨ ㉠

톺아보기

개량아스팔트 시트방수의 시공순서는 바탕처리 ⇨ 프라이머 도포 ⇨ 개량아스팔트 시트 붙이기 ⇨ 단열재 붙이기 ⇨ 특수부위 처리 ⇨ 보호 및 마감 순이다.

08 아스팔트방수공법에 관한 설명으로 옳지 않은 것은?

제24회

① 아스팔트 용융공정이 필요하다.
② 멤브레인방수의 일종이다.
③ 작업 공정이 복잡하다.
④ 결함부 발견이 용이하다.
⑤ 보호누름층이 필요하다.

톺아보기

아스팔트방수는 여러 겹을 직교하여 시공하므로 결함부 발견이 어렵고, 보수범위도 매우 큰 방수공법이다.

09 지하실 바깥방수공법과 비교하여 안방수공법에 관한 설명으로 옳지 않은 것은?

제24회

① 수압이 크고 깊은 지하실에 적합하다.
② 공사시기가 자유롭다.
③ 공사비가 저렴하다.
④ 시공성이 용이하다.
⑤ 보호누름이 필요하다.

톺아보기
안방수공법은 수압이 작고 얕은 지하실에 적합하다.

10 신축성 시트계 방습자재에 해당하는 것을 모두 고른 것은?

제27회

| ㉠ 비닐필름 방습지 | ㉡ 폴리에틸렌 방습층 |
| ㉢ 아스팔트필름 방습지 | ㉣ 방습층 테이프 |

① ㉠, ㉣
② ㉡, ㉢
③ ㉠, ㉡, ㉣
④ ㉡, ㉢, ㉣
⑤ ㉠, ㉡, ㉢, ㉣

톺아보기
㉢ 아스팔트필름 방습지는 박판시트계이다.

정답 | 07 ⑤ 08 ④ 09 ① 10 ③

11 신축성 시트계 방습자재가 아닌 것은?

제23회

① 비닐필름 방습지
② 폴리에틸렌 방습층
③ 방습층 테이프
④ 아스팔트필름 방습층
⑤ 교착성이 있는 플라스틱 아스팔트 방습층

톺아보기

아스팔트필름 방습층은 박판시트계 방습층이다.

박판시트계 방습자재	㉠ 종이 적층 방습자재 ㉡ 적층된 플라스틱 또는 종이 방습자재 ㉢ 펠트, 아스팔트필름 방습층 ㉣ 플라스틱 금속박 방습자재 ㉤ 금속박과 종이로 된 방습자재 ㉥ 금속박과 비닐직물로 된 방습자재 ㉦ 금속과 크라프트지로 된 방습자재 ㉧ 보강된 플라스틱 필름 형태의 방습자재
신축성 시트계 방습자재	㉠ 비닐필름 방습지 ㉡ 폴리에틸렌 방습층 ㉢ 교착성이 있는 플라스틱 아스팔트 방습층 ㉣ 방습층 테이프

12 방습공사에 관한 설명으로 옳지 않은 것은? 제22회

① 방수모르타르의 바름 두께 및 횟수는 정한 바가 없을 때 두께 15mm 내외의 1회 바름으로 한다.
② 방습공사 시공법에는 박판시트계, 아스팔트계, 시멘트모르타르계, 신축성 시트계 등이 있다.
③ 아스팔트 펠트, 비닐지의 이음은 100mm 이상 겹치고, 필요할 때는 접착제로 접착한다.
④ 방습도포는 첫 번째 도포층을 12시간 동안 양생한 후에 반복해야 한다.
⑤ 콘크리트, 블록, 벽돌 등의 벽체가 지면에 접하는 곳은 지상 100~200mm 내외 위에 수평으로 방습층을 설치한다.

톺아보기

방습도포는 첫 번째 도포층을 <u>24시간</u> 동안 양생한 후에 반복해야 한다.

정답 | 11 ④ 12 ④

제8장 / 수장공사

기본서 p.176~181

01 천장판의 이음이 밀착되어 우수한 방음효과를 얻을 수 있는 매립형 경량천장공법은?
제28회

① A-Bar공법
② I-Bar공법
③ L-Bar공법
④ M-Bar공법
⑤ T-Bar공법

톺아보기

M-Bar공법는 천장틀을 만드는 공법의 일종으로 M-Bar공법를 이용하여 뼈대를 만든다.

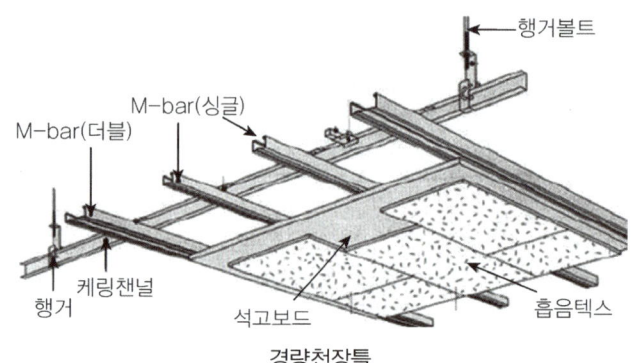

경량천장틀

M-Bar

02 계단 각부에 관한 명칭으로 옳은 것을 모두 고른 것은?
제25회

| ㉠ 디딤판 | ㉡ 챌판 | ㉢ 논슬립 |
| ㉣ 코너비드 | ㉤ 엔드탭 | |

① ㉠, ㉡, ㉢
② ㉠, ㉡, ㉤
③ ㉠, ㉢, ㉣
④ ㉡, ㉣, ㉤
⑤ ㉢, ㉣, ㉤

톺아보기

★ ② 코너비드: 미장시 벽, 기둥의 모서리 보호용 철물
  ⑤ 엔드탭: 용접시 크레이터를 제거하기 위해 사용되는 시작과 끝부분에 붙이는 철판

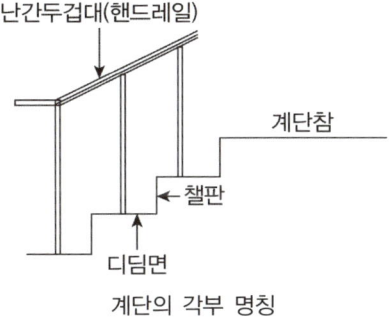

계단의 각부 명칭

03 상중하

경량철골 천장틀이나 배관 등을 매달기 위하여 콘크리트에 미리 묻어 넣은 철물은?

제23회

① 익스펜션 볼트(expansion bolt)
② 코펜하겐 리브(copenhagen rib)
③ 드라이브 핀(drive pin)
④ 멀리온(mullion)
⑤ 인서트(insert)

톺아보기

콘크리트 타설 전에 미리 거푸집에 설치 후 콘크리트를 타설하여 천장틀이나 배관 등을 고정하기 위한 <u>콘크리트 매입용 철물을 인서트(insert)</u>라 한다.

 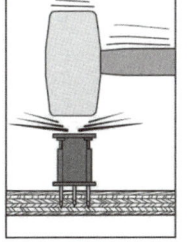  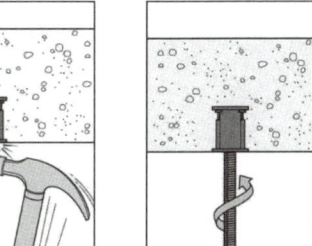

매입용 인서트   거푸집에 고정 ⇨ 거푸집 제거 후 고정못 제거 ⇨ 고정대 설치

정답 | 01 ④ 02 ① 03 ⑤

제9장 / 창호 및 유리공사

기본서 p.184~199

01 상중하

목재 창호공사에 관한 설명으로 옳지 않은 것은?   제28회

① 수장용 집성재의 두께 및 너비에 대한 치수의 허용치는 ±2.0mm 이하이다.
② 창호철물류의 설치에서 모서리의 앵커간격은 150mm 내외, 중앙의 앵커간격은 500mm 내외로 한다.
③ 문틀은 위틀, 선틀, 밑틀 등으로 구성되며, 고창 및 옆문 등이 있을 때에는 중간틀, 중간선틀이 추가로 구성된다.
④ 합판, 집성재가 아닌 목재의 건조 정도에 따른 함수율은 설계도서에 정한 바가 없는 경우에 18% 이하로 한다.
⑤ 풍소란은 방풍을 목적으로 미서기 창호의 마중대에 턱솔 등을 두어 서로 접하는 부분에 틈새가 발생하지 않도록 하는 것이다.

톺아보기

수장용 집성재의 두께 및 너비에 대한 치수의 허용치는 ±1.0mm 이하이다.

 **02** 창호 및 부속철물에 관한 설명으로 옳지 않은 것은?   제27회

① 풍소란은 마중대와 여밈대가 서로 접하는 부분에 방풍 등의 목적으로 사용한다.
② 레버토리힌지는 문이 저절로 닫히지만 15cm 정도 열려 있도록 하는 철물이다.
③ 주름문은 도난방지 등의 방범목적으로 사용한다.
④ 피봇힌지는 주로 중량문에 사용한다.
⑤ 도어체크는 피스톤 장치가 있지만 개폐속도는 조절할 수 없다.

톺아보기
도어체크는 피스톤 장치가 있고, 개폐속도를 조절할 수 <u>있</u>다.

더 알아보기

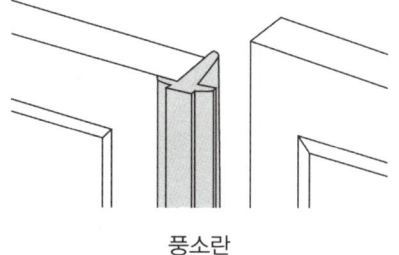
풍소란

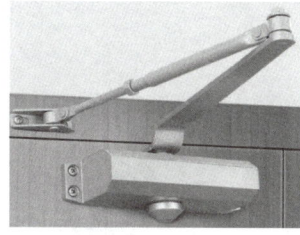
도어체크(클로우저)

주름문

정답 | 01 ① 02 ⑤

03 창호공사에 관한 설명으로 옳지 않은 것은? 제26회

① 피봇힌지(pivot hinge)는 문을 자동으로 닫히게 하는 경첩으로 중량의 자재문에 사용한다.
② 알루미늄창호는 콘크리트나 모르타르에 직접적인 접촉을 피하는 것이 좋다.
③ 도어스톱(door stop)은 벽 또는 문을 파손으로부터 보호하기 위하여 사용한다.
④ 크레센트(crescent)는 미서기창과 오르내리창의 잠금장치이다.
⑤ 도어체크(door check)는 문짝과 문 위틀에 설치하여 자동으로 문을 닫히게 하는 장치이다.

톺아보기

★ 문을 자동으로 닫히게 하는 경첩으로 중량의 자재문에는 플로어힌지(floor hing)가 사용된다.

더 알아보기

피봇힌지(pivot hinge)는 중량의 여닫이문에 사용하는 힌지이다.

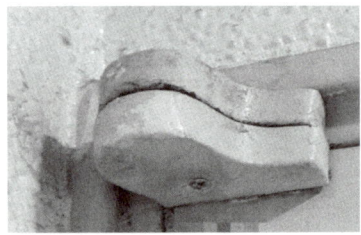
피봇힌지

도어스톱

크레센트

04 창호철물에서 경첩(hinge)에 관한 설명으로 옳지 않은 것은? 제25회

① 경첩은 문짝을 문틀에 달 때, 여닫는 축이 되는 역할을 한다.
② 경첩의 축이 되는 것은 핀(pin)이고, 핀을 보호하기 위해 둘러 감은 것이 행거(hanger)이다.
③ 자유경첩(spring hinge)은 경첩에 스프링을 장치하여 안팎으로 자유롭게 여닫게 해주는 철물이다.
④ 플로어힌지(floor hinge)는 바닥에 설치하여 한쪽에서 열고 나면 저절로 닫혀지는 철물로 중량이 큰 자재문에 사용된다.
⑤ 피봇힌지(pivot hinge)는 암수 돌쩌귀를 서로 끼워 회전으로 여닫게 해주는 철물이다.

톺아보기

경첩의 축이 되는 것은 핀(pin)이고, 핀을 보호하기 위해 둘러 감은 관부를 너클(knuckle)이라 한다.

더 알아보기

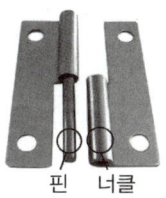
힌지의 핀과 너클

자유경첩

플로어힌지

05 상 중 하

문틀을 짜고 문틀 양면에 합판을 붙여서 평평하게 제작한 문은?   제25회

① 플러시문
② 양판문
③ 도듬문
④ 널문
⑤ 합판문

톺아보기

★ 울거미(문틀)를 짜고 문틀 양면에 합판을 부착한 문은 플러시문이다.

양판문

플러시문

정답 | 03 ① 04 ② 05 ①

06 창호공사에 관한 설명으로 옳은 것을 모두 고른 것은?

제24회

㉠ 알루미늄창호는 알칼리에 약하므로 모르타르와의 직접 접촉을 피한다.
㉡ 여닫이창호철물에는 플로어힌지, 피벗힌지, 도어클로저, 도어행거 등이 있다.
㉢ 멀리온은 창 면적이 클 때, 스틸바(steel bar)만으로는 부족하여 이를 보강하기 위해 강판을 중공형으로 접어 가로 또는 세로로 대는 것이다.
㉣ 레버토리힌지는 자유정첩(경첩)의 일종으로 저절로 닫히지만 10~15cm 정도 열려 있도록 만든 철물이다.

① ㉠, ㉡
② ㉠, ㉢
③ ㉡, ㉣
④ ㉢, ㉣
⑤ ㉠, ㉢, ㉣

톺아보기

㉡ 여닫이창호철물에는 플로어힌지, 피벗힌지, 도어클로저 등이 있다. 도어행거는 접이문의 이동장치이다.

더 알아보기

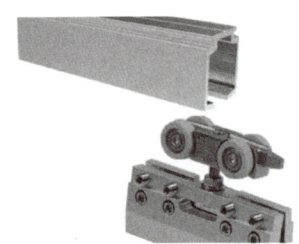
도어행거

레버토리힌지

멀리온

07 외부에서는 열쇠로, 내부에서는 작은 손잡이를 돌려서 열 수 있는 창호철물은?

제23회

① 도어체크(door check)
② 크레센트(crescent)
③ 패스너(fastener)
④ 나이트래치(night latch)
⑤ 레버토리힌지(lavatory hinge)

톺아보기

나이트래치(night latch)란 '야간 자물쇠'란 뜻을 가지고 있으며, 안에서는 손잡이로, 바깥에서는 열쇠로 조작하는 창호철물이다.

나이트래치

08 문 위틀과 문짝에 설치하여 문을 열면 자동적으로 조용히 닫히게 하는 장치로, 피스톤 장치가 있어 개폐속도를 조절할 수 있는 창호철물은? 제22회

① 도어체크
② 플로어힌지
③ 레버토리힌지
④ 도어스톱
⑤ 크리센트

톺아보기

★ 주로 여닫이문의 상단에 설치하여 열려진 문을 저절로 닫히게 하는 장치는 도어체크 또는 도어클로저라고도 한다.

정답 | 06 ⑤   07 ④   08 ①

09 유리공사에 관한 설명으로 옳지 않은 것은? 제28회

① 4°C 미만에서 실란트 시공시, 피접착 표면은 반드시 용제로 닦은 후 마른 걸레로 닦아내고 담당원의 승인을 받은 후 시공해야 한다.
② 복층유리는 20매 이상 겹쳐서 적치하여서는 안 된다.
③ 배수구멍(weep hole)은 일반적으로 직경 5mm 이상, 2개 이상으로 한다.
④ 실란트작업은 상대습도가 90% 이상이면 작업을 하여서는 안 된다.
⑤ 세팅블록은 유리 폭의 1/3 지점에 각각 1개씩 설치하여, 유리의 하단부가 하부 프레임에 닿지 않도록 한다.

톺아보기

★ 세팅블록은 유리 폭의 1/4 지점에 각각 1개씩 설치하여, 유리의 하단부가 하부 프레임에 닿지 않도록 한다.

10 유리의 종류에 관한 설명으로 옳지 않은 것은? 제27회

① 강화유리는 판유리를 연화점 이상으로 가열 후 서서히 냉각시켜 열처리한 유리이다.
② 로이유리는 가시광선 투과율을 높인 에너지 절약형 유리이다.
③ 배강도유리는 절단이 불가능하다.
④ 유리블록은 보온, 채광, 의장 등의 효과가 있다.
⑤ 접합유리는 파손시 유리파편의 비산을 방지할 수 있다.

톺아보기

★ 강화유리는 판유리를 연화점 이상으로 가열 후 급속히 냉각(급랭)시켜 열처리한 유리이다.

강화유리의 파손

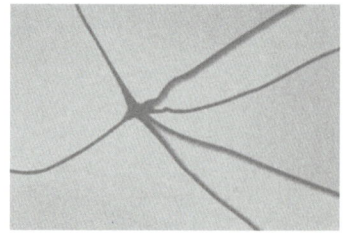

배강도유리의 파손

11 유리에 관한 설명으로 옳지 않은 것은? 제26회

① 강화유리는 판유리를 연화점 이상으로 열처리한 후 급랭한 것이다.
② 복층유리는 단열, 보온, 방음, 결로 방지효과가 우수하다.
③ 로이(Low-E)유리는 열적외선을 반사하는 은 소재 도막을 코팅하여 단열효과를 극대화한 것이다.
④ 접합유리는 유리 사이에 접합필름을 삽입하여 파손시 유리파편의 비산을 방지한다.
⑤ 열선반사유리는 소량의 금속산화물을 첨가하여 적외선이 잘 투과되지 않는 성질을 갖는다.

톺아보기

★ 열선흡수유리는 소량의 금속산화물을 첨가하여 적외선이 잘 투과되지 않는 성질을 갖는다.

더 알아보기

★ 열선반사유리는 얇은 금속산화물 코팅막을 형성시켜 경면효과와 반사성능을 높인 유리로, 태양의 열선차단으로 냉방부하를 줄일 수 있다.

정답 | 09 ⑤ 10 ① 11 ⑤

12

( )에 들어갈 유리 명칭으로 옳은 것은?   제25회

> 1. (㉠)유리는 판유리에 소량의 금속산화물을 첨가하여 제작한 유리로서, 적외선이 잘 투과되지 않는 성질을 갖는다.
> 2. (㉡)유리는 판유리 표면에 금속산화물의 얇은 막을 코팅하여 입힌 유리로서, 경면효과가 발생하는 성질을 갖는다.
> 3. (㉢)유리는 판유리의 한쪽 면에 세라믹질 도료를 코팅하여 불투명하게 제작한 유리이다.

① ㉠: 열선흡수, ㉡: 열선반사, ㉢: 스팬드럴
② ㉠: 열선흡수, ㉡: 스팬드럴, ㉢: 복층
③ ㉠: 스팬드럴, ㉡: 열선흡수, ㉢: 복층
④ ㉠: 스팬드럴, ㉡: 열선반사, ㉢: 열선흡수
⑤ ㉠: 복층, ㉡: 열선흡수, ㉢: 스팬드럴

톺아보기

1. (㉠ 열선흡수)유리는 판유리에 소량의 금속산화물을 첨가하여 제작한 유리로서, 적외선이 잘 투과되지 않는 성질을 갖는다.
2. (㉡ 열선반사)유리는 판유리 표면에 금속산화물의 얇은 막을 코팅하여 입힌 유리로서, 경면효과가 발생하는 성질을 갖는다.
3. (㉢ 스팬드럴)유리는 판유리의 한쪽 면에 세라믹질 도료를 코팅하여 불투명하게 제작한 유리이다.

13

유리공사에 관한 설명으로 옳은 것은?   제24회

① 방탄유리는 접합유리의 일종이다.
② 가스켓은 유리의 간격을 유지하며 흡습제의 용기가 되는 재료를 말한다.
③ 로이(LOW-E)유리는 특수금속 코팅막을 실외측 유리의 외부면에 두어 단열효과를 극대화한 것이다.
④ 강화유리는 판유리를 연화점 이하의 온도에서 열처리한 후 급랭시켜 유리 표면에 강한 압축응력층을 만든 것이다.
⑤ 배강도유리는 판유리를 연화점 이상의 온도에서 열처리한 후 서냉하여 유리 표면에 압축응력층을 만든 것으로 내풍압이 우수하다.

톺아보기

오답해설
② 스페이서(간격재)는 유리의 간격을 유지하며 흡습제의 용기가 되는 재료를 말한다.
★ ③ 로이(LOW-E)유리는 특수금속 코팅막을 실외측 유리의 내부면에 두어 단열효과를 극대화한 것이다.
④ 강화유리는 판유리를 연화점 이상의 온도에서 열처리한 후 급랭시켜 유리 표면에 강한 압축응력층을 만든 것이다.
★ ⑤ 배강도유리는 판유리를 연화점 이하의 온도에서 열처리한 후 서냉하여 유리 표면에 압축응력층을 만든 것으로 내풍압이 우수하다.

---

14 반사유리나 컬러유리의 한쪽 면을 은으로 코팅한 것으로, 열의 이동을 최소화시켜 주는 에너지 절약형 유리는?   제23회

① 망입유리   ② 로이유리
③ 스팬드럴유리 ④ 복층유리
⑤ 프리즘유리

톺아보기

★ 은 소재 도막으로 코팅하여 방사율과 열관류율을 낮추고, 가시광선 투과율을 높인 유리로 에너지를 절약하기 위한 유리는 로이유리(low-e glass)이다.

더 알아보기
로이유리의 기능

정답 | 12 ① 13 ① 14 ②

15 상중하

일반 유리를 연화점 이하의 온도에서 가열하고 찬 공기를 약하게 불어주어 냉각하여 만든 유리로, 내풍압 강도가 우수하여 건축물의 외벽, 개구부 등에 사용되는 유리는 무엇인가?

제22회

① 배강도유리
② 강화유리
③ 망입유리
④ 접합유리
⑤ 로이유리

톺아보기

배강도유리는 플로트판 유리를 연화점 부근(약 700°C)까지 가열 후 양표면에 냉각공기를 흡착시켜 유리의 표면에 20 이상 60 이하 (N/mm^2)의 압축응력층을 갖도록 한 가공유리로 내풍압 강도, 열깨짐 강도 등은 동일한 두께의 플로트판 유리의 2배 이상의 성능을 가진다. 그러나 제품의 절단은 불가능하다.

정답 | 15 ①

제10장 / 미장 및 타일공사

기본서 p.204~215

01
상 중 하

미장공사에 관한 설명으로 옳지 않은 것은? 제28회

① 바름면의 흙손작업은 갈라지거나 들뜨는 것을 방지하기 위해 바름층이 굳기 전에 끝낸다.
② 압송뿜칠기계로 바름하는 두께가 20mm를 넘는 경우에 초벌, 정벌 2회로 나누어 뿜칠바름을 한다.
③ 콘크리트 바탕의 표면 경화 불량은 두께가 2mm 이하의 경우에 와이어브러시 등으로 불량부분을 제거한다.
④ 미장바름 주변의 온도가 5°C 이하일 때는 공사를 중단하거나 난방하여 5°C 이상으로 유지한다.
⑤ 경석고플라스터는 무수석고, 모래, 여물 등을 물에 혼합한 것으로 경화속도가 빠르고 수축이 거의 없다.

톺아보기

압송뿜칠기계로 바름하는 두께가 20mm를 넘는 경우에 초벌, 재벌, 정벌 3회로 나누어 뿜칠바름을 한다.

정답 | 01 ②

02 미장공사에 대한 설명으로 옳은 것은? 제27회

① 소석회, 돌로마이터 플라스터 등은 수경성 재료로서 가수에 의해 경화한다.
② 바탕처리시 살붙임바름은 한꺼번에 두껍게 바르는 것이 좋다.
③ 시멘트모르타르 바름시 초벌바름은 부배합, 재벌 및 정벌바름은 빈배합으로 부착력을 확보한다.
④ 석고플라스터는 기경성으로 경화속도가 느려 작업시간이 자유롭다.
⑤ 셀프레벨링재 사용시 통풍과 기류를 공급해 건조시간을 단축하여 표면평활도를 높인다.

톺아보기

오답해설
★ ① 소석회, 돌로마이터 플라스터 등은 기경성 재료로서 이산화탄소에 의해 경화한다.
② 바탕처리시 살붙임바름은 얇게 여러 번 바르는 것이 좋다.
★ ④ 석고플라스터는 수경성으로 경화속도가 빨라 작업시간이 짧다.
⑤ 셀프레벨링재 사용시 통풍과 기류를 차단해 표면평활도를 높인다.

03 미장공사에 관한 설명으로 옳지 않은 것은? 제26회

① 미장재료에는 진흙질이나 석회질의 기경성 재료와 석고질과 시멘트질의 수경성 재료가 있다.
② 석고플라스터는 시멘트, 소석회, 돌로마이트 플라스터 등과 혼합하여 사용하면 안 된다.
③ 스터코(stucco) 바름이란 소석회에 대리석가루 등을 섞어 흙손바름 성형이 가능한 외벽용 미장마감이다.
④ 덧먹임이란 작업면의 종석이 빠져나간 자리를 메우기 위해 반죽한 것을 작업면에 발라 채우는 작업이다.
⑤ 단열 모르타르는 외단열이 내단열보다 효과적이다.

톺아보기

작업면의 종석이 빠져나간 자리를 메우기 위해 반죽한 것을 작업면에 발라 채우는 작업은 <u>눈먹임</u>이다.

더 알아보기

★ 덧먹임은 바르기의 접합부 또는 균열의 틈새, 구멍 등에 반죽된 재료를 밀어넣어 때워 주는 것을 말한다.

04 시멘트모르타르 미장공사에 관한 설명으로 옳지 않은 것은? 제23회

① 모래의 입도는 바름 두께에 지장이 없는 한 큰 것으로 한다.
② 콘크리트 천장 부위의 초벌바름 두께는 6mm를 표준으로 하고, 전체 바름 두께는 15mm 이하로 한다.
③ 초벌바름 후 충분히 건조시켜 균열을 발생시킨 후 고름질을 하고 재벌바름을 한다.
④ 재료의 배합은 바탕에 가까운 바름층일수록 빈배합으로 하고, 정벌바름에 가까울수록 부배합으로 한다.
⑤ 바탕면은 적당히 물축이기를 하고, 면을 거칠게 해둔다.

톺아보기

★ 재료의 배합은 바탕에 가까운 바름층일수록 <u>부배합</u>으로 하고, 정벌바름에 가까울수록 <u>빈배합</u>으로 한다.

정답 | 02 ③　03 ④　04 ④

05 미장공사의 품질 요구조건으로 옳지 않은 것은? 제22회

① 마감면이 평편도를 유지해야 한다.
② 필요한 부착강도를 유지해야 한다.
③ 편리한 유지관리성이 보장되어야 한다.
④ 주름이 생기지 않아야 한다.
⑤ 균열의 폭과 간격을 일정하게 유지해야 한다.

톺아보기

미장공사는 균열 발생이 없어야 한다.

06 타일공사의 보양 및 검사에 관한 설명으로 옳지 않은 것은? 제28회

① 접착력 시험은 타일시공 후 3주 이상일 때 실시한다.
② 접착력 시험 결과의 판정은 인장부착강도가 $0.39N/mm^2$ 이상이어야 한다.
③ 일반건축물인 경우에 접착력 시험은 타일면적 $200m^2$당 1장씩 시험한다.
④ 줄눈을 넣은 후 24시간 이내에 비가 올 우려가 있는 경우, 폴리에틸렌 필름 등으로 차단·보양한다.
⑤ 접착력 시험할 타일의 크기가 40mm 미만인 경우, 타일 4매를 1개조로 하여 부속장치에 붙여 시험한다.

톺아보기

★ 접착력 시험은 타일시공 후 4주 이상일 때 실시한다.

07 타일공사에 관한 설명으로 옳지 않은 것은? 제27회

① 자기질 타일은 물기가 있는 곳과 외부에는 사용할 수 없다.
② 벽체타일이 시공되는 경우 바닥타일은 벽체타일을 먼저 붙인 후 시공한다.
③ 접착모르타르의 물시멘트비를 낮추어 동해를 방지한다.
④ 줄눈누름을 충분히 하여 빗물침투를 방지한다.
⑤ 접착력 시험은 타일시공 후 4주 이상일 때 실시한다.

톺아보기

★ 자기질 타일은 물기가 있는 곳과 외부에도 사용할 수 있다.

더 알아보기

타일의 재료별 종류

종류	흡수율	사용장소	주용도
도기질	18% 이하	내장용	내부의 바닥 및 벽, 물을 사용하지 않는 곳
석기질	5% 이하	내장·외장용	내·외부용, 미끌림 방지용
자기질	3% 이하	내장·외장용	내·외부용, 동해방지용

정답 | 05 ⑤ 06 ① 07 ①

08 타일공사에 관한 설명으로 옳지 않은 것은? 제26회

① 치장줄눈은 타일 부착 3시간 정도 경과 후 줄눈파기를 실시한다.
② 타일붙임용 모르타르의 배합비는 용적비로 계상한다.
③ 타일 제품의 흡수성이 높은 순서는 토기질, 도기질, 석기질, 자기질의 순이다.
④ 타일붙이기는 벽타일, 바닥타일의 순서로 실시한다.
⑤ 모르타르로 부착하는 타일공법의 붙임시간(open time)은 모두 동일하게 관리한다.

톺아보기
모르타르로 부착하는 타일공법의 붙임시간(open time)은 <u>모두 다르다</u>.

더 알아보기
붙임시간
1. 압착붙이기: 15분 이내
2. 개량압착붙이기: 30분 이내
3. 동시줄눈붙이기: 20분 이내
4. 모자이크타일붙이기: 30분 이내

09 타일공사에 관한 설명으로 옳지 않은 것은? 제25회

① 클링커타일은 바닥용으로 적합하다.
② 붙임용 모르타르에 접착력 향상을 위해 시멘트가루를 뿌린다.
③ 흡수성이 있는 타일의 경우 물을 축여 사용한다.
④ 벽타일붙임공법에서 접착제붙임공법은 내장공사에 주로 적용한다.
⑤ 벽타일붙임공법에서 개량압착붙임공법은 바탕면과 타일 뒷면에 붙임모르타르를 발라 붙이는 공법이다.

톺아보기
붙임용 모르타르에 시멘트가루를 뿌리면 균열이 발생되므로 <u>절대 뿌리지 말아야</u> 한다.

10

타일의 줄눈너비로 옳지 않은 것은? (단, 도면 또는 공사시방서에 타일 줄눈너비에 대하여 정한 바가 없을 경우)   제24회

① 개구부 둘레와 설비 기구류와의 마무리 줄눈: 10mm
② 대형 벽돌형(외부): 10mm
③ 대형(내부 일반): 6mm
④ 소형: 3mm
⑤ 모자이크: 2mm

톺아보기

★ 대형 벽돌형(외부)의 줄눈너비는 <u>9mm</u>이다.

더 알아보기

타일 줄눈너비의 표준

구분	대형 벽돌형(외부)	대형(내부 일반)	소형	모자이크
줄눈너비	9mm	5~6mm	3mm	2mm

정답 | 08 ⑤ 09 ② 10 ②

11 다음에서 설명하는 타일붙임공법은? 제23회

> 전용 전동공구(vibrator)를 사용해 타일을 눌러 붙여 면을 고르고, 줄눈부분의 배어나온 모르타르(mortar)를 줄눈봉으로 눌러서 마감하는 공법

① 밀착공법
② 떠붙임공법
③ 접착제공법
④ 개량압착붙임공법
⑤ 개량떠붙임공법

톺아보기

★ 밀착공법(진동다짐공법)은 반드시 진동기를 사용한다.

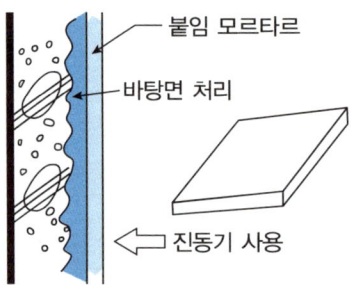
동시줄눈붙이기

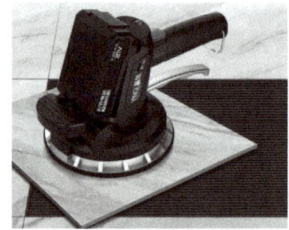
타일진동기

12 타일공사에 관한 설명으로 옳은 것을 모두 고른 것은? 제22회

㉠ 모르타르는 건비빔한 후 3시간 이내에 사용하며, 물을 부어 반죽한 후 1시간 이내에 사용한다.
㉡ 타일 1장의 기준치수는 타일치수와 줄눈치수를 합한 것으로 한다.
㉢ 타일을 붙이는 모르타르에 시멘트가루를 뿌리면 타일의 접착력이 좋아진다.
㉣ 벽타일압착붙이기에서 타일의 1회 붙임면적은 모르타르의 경화속도 및 작업성을 고려하여 $1.2m^2$ 이하로 한다.

① ㉠, ㉡
② ㉠, ㉢
③ ㉢, ㉣
④ ㉠, ㉡, ㉣
⑤ ㉡, ㉢, ㉣

톺아보기

㉢ 타일을 붙이는 모르타르에 시멘트가루를 뿌리면 모르타르에 균열이 발생되어 타일의 접착력이 나빠진다.

제11장 / 도장공사 및 적산

기본서 p.200~227

01 도장공사에 관한 설명으로 옳은 것은? 제27회

① 바니시(varnish)는 입체무늬 등의 도막이 생기도록 만든 에나멜이다.
② 롤러도장은 붓도장보다 도장속도가 느리지만 일정한 도막 두께를 유지할 수 있다.
③ 도료의 견본품 제출시 목재 바탕일 경우 100mm × 200mm 크기로 제출한다.
④ 수지는 물이나 용제에 녹지 않는 무채 또는 유채의 분말이다.
⑤ 철재면 바탕만들기는 일반적으로 가공장소에서 바탕재 조립 후에 한다.

톺아보기

오답해설
① 무늬 도료(pattern finish)는 입체무늬 등의 도막이 생기도록 만든 에나멜이다.
② 롤러도장은 붓도장보다 도장속도가 빠르지만 일정한 도막 두께를 유지할 수 없다.
④ 안료(pigment)는 물이나 용제에 녹지 않는 무채 또는 유채의 분말이다.
⑤ 철재면 바탕만들기는 일반적으로 가공장소에서 바탕재 조립 전에 한다.

02 도료의 사용 목적이 아닌 것은? 제26회

① 단면 증가   ② 내화
③ 방수   ④ 방청
⑤ 광택

톺아보기

도료의 사용 목적에 단면을 증가시키는 목적은 없다.

03 도장공사의 하자가 아닌 것은?　　　　　　　　　　　제24회

① 은폐불량　　② 백화
③ 기포　　　　④ 핀홀
⑤ 피트

톺아보기

피트는 용접불량의 일종이다.

04 도장공사에 관한 설명으로 옳은 것은?　　　　　　　제22회

① 유성페인트는 내화학성이 우수하여 콘크리트용 도료로 널리 사용된다.
② 철재면 바탕만들기는 일반적으로 가공장소에서 바탕재 조립 전에 한다.
③ 기온이 10℃ 미만이거나 상대습도가 80%를 초과할 때는 도장작업을 피한다.
④ 뿜칠 시공시 약 40cm 정도의 거리를 두고 뿜칠 넓이의 1/4 정도가 겹치도록 한다.
⑤ 롤러도장은 붓도장보다 도장속도가 빠르며 일정한 도막 두께를 유지할 수 있다.

톺아보기

오답해설
★ ① 유성페인트는 알칼리에 약해 콘크리트에는 사용이 금지된다.
★ ③ 기온이 5℃ 미만이거나 상대습도가 85%를 초과할 때는 도장작업을 피한다.
　④ 뿜칠 시공시 약 30cm 정도의 거리를 두고 뿜칠 넓이의 1/3 정도가 겹치도록 한다.
　⑤ 롤러도장은 붓도장보다 도장속도가 빠르나, 일정한 도막 두께를 유지할 수 없다.

정답 | 01 ③　02 ①　03 ⑤　04 ②

05 소요수량 산출시 할증률이 동일한 재료끼리 묶인 것은? 제28회

| ㉠ 이형철근 | ㉡ 일반합판 | ㉢ 기와 |
| ㉣ 비닐타일 | ㉤ 봉강 | ㉥ 고장력볼트 |

① ㉠, ㉡, ㉢
② ㉠, ㉤, ㉥
③ ㉡, ㉢, ㉣
④ ㉢, ㉣, ㉤
⑤ ㉣, ㉤, ㉥

톺아보기

3%와 5% 중 조합된 번호를 선택한다.

| 3% | ㉠ 이형철근, ㉡ 일반합판, ㉥ 고장력볼트 |
| 5% | ㉢ 기와, ㉣ 비닐타일, ㉤ 봉강 |

06 아래 조건으로 계산한 벽체 타일의 정미량은? 제28회

- 벽체 면적: 6,300mm × 3,100mm
- 타일 크기: 300mm × 200mm
- 줄눈너비: 10mm
- 벽체 수: 3개소

① 60매
② 90매
③ 300매
④ 600매
⑤ 900매

톺아보기

$$\text{타일매수} = \frac{\text{전체 벽 면적(m}^2)}{\text{타일 1장의 면적(m}^2)}$$

여기서, 타일의 가로, 세로에 타일의 줄눈을 더해준다.
(1) 300mm + 10mm = 310mm = 0.31m
(2) 200mm + 10mm = 210mm = 0.21m

따라서, $\dfrac{6.3m \times 3.1m}{0.31m \times 0.21m} \times 3\text{개소} = 900$

07 건축적산 및 견적에 관한 설명으로 옳지 않은 것은? 제27회

① 비계, 거푸집과 같은 가설재는 간접재료비에 포함된다.
② 직접노무비에는 현장감독자의 기본급이 포함되지 않는다.
③ 개산견적은 과거 유사건물의 견적자료를 참고로 공사비를 개략적으로 산출하는 방법이다.
④ 공사원가는 일반관리비와 이윤을 포함한다.
⑤ 아파트 적산의 경우 단위세대에서 전체로 산출한다.

톺아보기

★ 공사원가는 간접공사비 + 직접공사비로, 일반관리비와 이윤을 <u>제외</u>한다.

더 알아보기

공사비의 구성항목

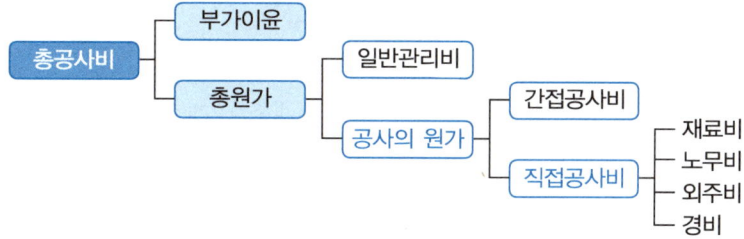

정답 | 05 ④ 06 ⑤ 07 ④

08 상중하

길이 6m, 높이 2m의 벽체를 두께 1.0B로 쌓을 때 필요한 표준형 시멘트벽돌의 정미량은? (단, 줄눈너비는 10mm를 기준으로 하고, 모르타르 배합비는 1 : 3이다)

제27회

① 1,720매
② 1,754매
③ 1,788매
④ 1,822매
⑤ 1,856매

톺아보기

벽돌매수 = 벽의 면적 × 벽 두께
따라서, 6m × 2m × 149매 = <u>1,788매</u>

09 상중하

다음 조건으로 산출한 타일의 정미수량은?

제26회

- 바닥 크기: 11.2m × 6.4m
- 타일 크기: 150mm × 150mm
- 개소: 2개소
- 줄눈 간격: 10mm

① 2,600매
② 2,800매
③ 5,200매
④ 5,600매
⑤ 6,800매

톺아보기

(1) 타일 붙일 전체 면적 = 11.2m × 6.4m × 2개소 = 143.36m²
(2) 타일 1장의 면적 = (150 + 10mm) × (150 + 10mm) = 0.16m × 0.16m = 0.0256m²
(3) 따라서, 타일의 정미수량 = $\frac{\text{타일 붙일 전체 면적}}{\text{타일 1장의 면적}}$ = $\frac{143.36\text{m}^2}{0.0256\text{m}^2}$ = <u>5,600매</u>

10. 건축적산 및 견적에 관한 설명으로 옳지 않은 것은?

제25회

① 적산은 공사에 필요한 재료 및 품의수량을 산출하는 것이다.
② 명세견적은 완성된 설계도서, 현장설명, 질의응답 등에 의해 정밀한 공사비를 산출하는 것이다.
③ 개산견적은 설계도서가 미비하거나 정밀한 적산을 할 수 없을 때 공사비를 산출하는 것이다.
④ 품셈은 단위공사량에 소요되는 재료, 인력 및 기계력 등을 단가로 표시한 것이다.
⑤ 일위대가는 재료비에 가공 및 설치비 등을 가산하여 단위단가로 작성한 것이다.

톺아보기

★ 품셈은 단위공사량에 소요되는 재료, 인력 및 기계력 등을 수량으로 표시한 것이다.

11. 벽돌 담장의 크기를 길이 8m, 높이 2.5m, 두께 2.0B[콘크리트(시멘트)벽돌 1.5B + 붉은벽돌 0.5B]로 할 때, 콘크리트(시멘트)벽돌과 붉은벽돌의 정미량은? (단, 사용 벽돌은 모두 표준형 190 × 90 × 57mm로 하고, 줄눈은 10mm로 하며, 소수점 이하는 무조건 올림한다)

제25회

① 콘크리트(시멘트)벽돌: 1,500매, 붉은벽돌: 4,704매
② 콘크리트(시멘트)벽돌: 1,545매, 붉은벽돌: 4,480매
③ 콘크리트(시멘트)벽돌: 4,480매, 붉은벽돌: 1,500매
④ 콘크리트(시멘트)벽돌: 4,480매, 붉은벽돌: 1,545매
⑤ 콘크리트(시멘트)벽돌: 4,704매, 붉은벽돌: 1,545매

톺아보기

벽돌 매수 = 벽의 면적 × 벽 두께
(1) 콘크리트벽돌: 8m × 2.5m × 224매 = 4,480매
(2) 붉은벽돌: 8m × 2.5m × 75매 = 1,500매

정답 | 08 ③ 09 ④ 10 ④ 11 ③

12 재료의 일반적인 추정 단위중량(kg/m³)으로 옳지 않은 것은?

제24회

① 철근콘크리트: 2,400
② 보통콘크리트: 2,200
③ 시멘트모르타르: 2,100
④ 시멘트(자연상태): 1,500
⑤ 물: 1,000

톺아보기

보통콘크리트, 즉 무근콘크리트의 단위중량은 2,300kg/m³이다.

13 시멘트블록(390×190×150mm)을 이용하여 길이 100m, 높이 3m의 벽을 막쌓기할 경우, 시멘트블록과 모르타르의 소요량은? [단, 쌓기 모르타르량(배합비 1 : 3)은 0.01m³이다. 또한 블록 할증률, 쌓기 모르타르 할증률 및 소운반이 포함된다]

제24회

① 3,900매, 2.1m³
② 3,900매, 3.0m³
③ 4,500매, 3.0m³
④ 5,100매, 2.1m³
⑤ 5,100매, 3.0m³

톺아보기

(1) 블록매수 = 100m × 3m × 13매 = 3,900매
(2) 모르타르 소요량 = 100m × 3m × 0.01m³ = 3.0m³

14 소요수량 산출시 할증률이 가장 작은 재료는? 제23회

① 도료
② 이형철근
③ 유리
④ 일반용 합판
⑤ 석고보드

톺아보기

★ 유리의 할증률이 1%로 가장 작다.

더 알아보기

재료별 할증률

1. 도료: 2%
2. 이형철근: 3%
3. 유리: 1%
4. 일반용 합판: 3%
5. 석고보드: 5%(못붙임용)

15 면적 100m²인 벽체를 콘크리트(시멘트)벽돌(190 × 90 × 57mm)을 이용하여 0.5B 두께로 쌓을 때 콘크리트(시멘트)벽돌의 소요량은? (단, 줄눈은 10mm로 한다) 제23회

① 6,695매
② 6,825매
③ 7,500매
④ 7,725매
⑤ 7,875매

톺아보기

소요량은 할증률을 더해줘야 한다. 콘크리트벽돌은 할증률이 5%이므로 1.05를 곱한다.
따라서, 100m² × 75매 × 1.05 = 7,875매

정답 | 12 ② 13 ② 14 ③ 15 ⑤

제11장 도장공사 및 적산

16. 다음은 공사비 구성의 분류표이다. ( )에 들어갈 항목으로 옳은 것은? 제22회

총공사비	부가이윤			
	총원가	일반관리비부담금	간접공사비 ( )	재료비
				노무비
		공사원가		외주비
				경비

① 공통경비　　　　　　② 직접경비
③ 직접공사비　　　　　④ 간접경비
⑤ 현장관리비

톺아보기

★ 공사원가 = 간접공사비 + 직접공사비

17. 화단벽체를 조적으로 시공하고자 한다. 길이 12m, 높이 1m, 두께 1.5B[내부 콘크리트(시멘트)벽돌 1.0B, 외부 붉은벽돌 0.5B]로 쌓을 때 콘크리트(시멘트)벽돌과 붉은벽돌의 소요량은? [단, 벽돌의 크기는 표준형(190 × 90 × 57mm)으로 하고, 줄눈은 10mm로 하며, 소수점 이하는 무조건 올림으로 한다] 제22회

① 콘크리트(시멘트)벽돌: 945매, 붉은벽돌: 1,842매
② 콘크리트(시멘트)벽돌: 1,842매, 붉은벽돌: 927매
③ 콘크리트(시멘트)벽돌: 1,842매, 붉은벽돌: 945매
④ 콘크리트(시멘트)벽돌: 1,878매, 붉은벽돌: 927매
⑤ 콘크리트(시멘트)벽돌: 1,878매, 붉은벽돌: 945매

톺아보기

콘크리트벽돌 할증률: 5%, 붉은벽돌 할증률: 3%
(1) 콘크리트벽돌 = 12m × 1m × 149매 × 1.05 = 1877.4 = 1,878매
(2) 붉은벽돌 = 12m × 1m × 75매 × 1.03 = 927매

정답 | 16 ③　17 ④

house.Hackers.com

house.Hackers.com
2026 해커스 주택관리사(보) **기출문제집**

3개년 출제비중분석

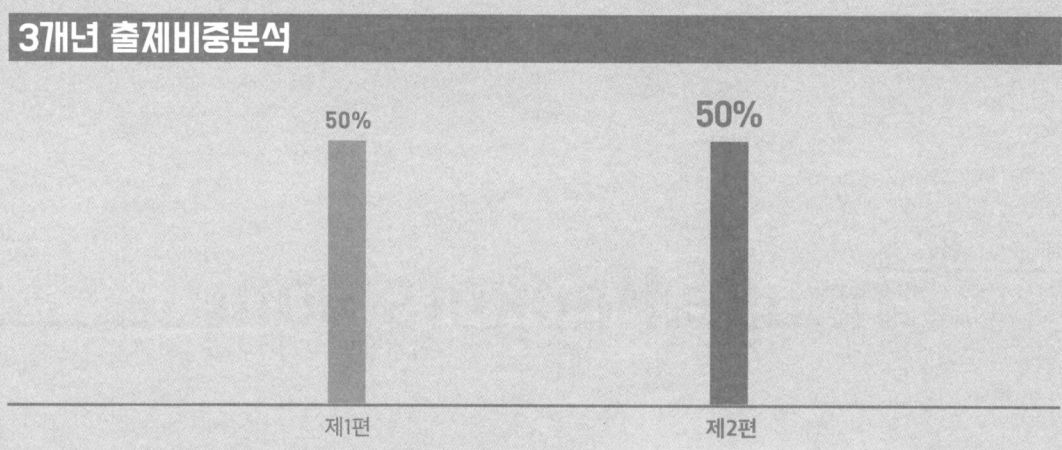

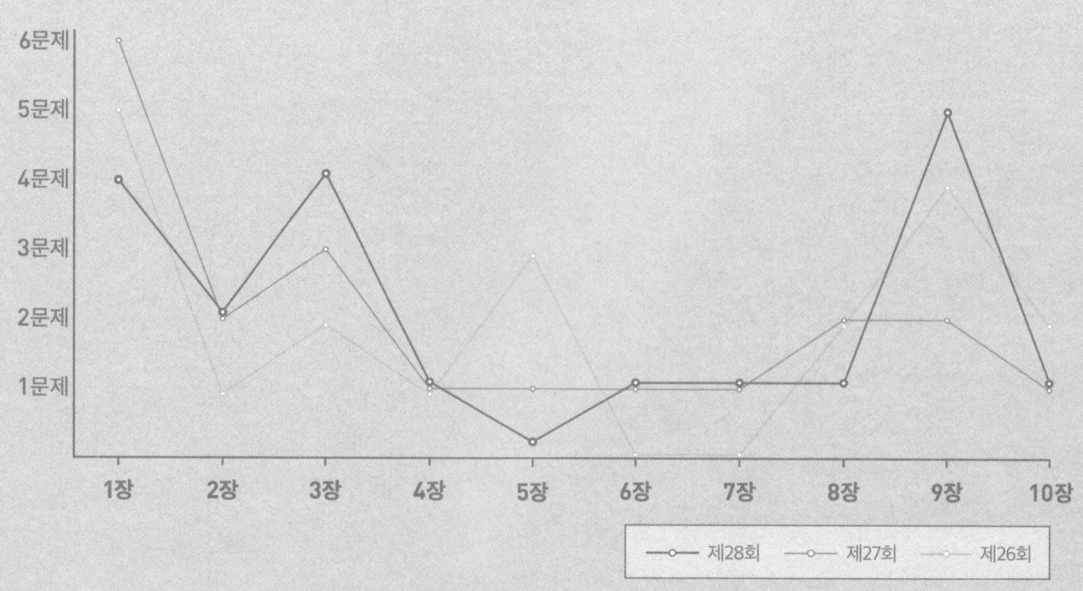

제2편

건축설비

제1장 급수설비
제2장 급탕설비
제3장 난방설비
제4장 배수 및 통기설비
제5장 위생기구 및 배관설비
제6장 오수·정화설비
제7장 가스설비
제8장 소방설비
제9장 전기·조명·승강기·환기설비
제10장 홈네트워크설비

제1장 / 급수설비

기본서 p.234~256

01

건축설비의 기초사항으로 옳지 않은 것은? 제28회

① 1기압하에서 순수한 물의 온도를 4°C에서 100°C로 높이면 체적은 약 4.3% 팽창한다.
② 물질을 가열이나 냉각했을 때 상변화 없이 온도변화에만 사용되는 열량을 현열이라고 한다.
③ 농도를 나타내는 단위인 ppm은 천만분의 일의 양을 의미한다.
④ 비열은 단위질량의 물체 온도를 1°C 높이는 데 필요한 열량이다.
⑤ 비체적이란 체적을 질량으로 나눈 것이다.

톺아보기

★ 농도를 나타내는 단위인 ppm은 <u>백만분의 일</u>의 양을 의미한다.
 숫자 × 1,000,000 = ppm

02

다음과 같은 조건의 배관에서 마찰손실수두(mAq)는? (단, Darcy-Weisbach 공식을 사용한다) 제28회

- 유속: 1.4m/s
- 중력가속도: 9.8m/s²
- 관의 마찰계수: 0.04
- 배관(직관) 길이: 100m
- 관경: 50mm

① 7.2
② 7.6
③ 8.0
④ 8.5
⑤ 9.2

톺아보기

$$h = f \times \frac{l}{d} \times \frac{v^2}{2g} = 0.04 \times \frac{100m}{0.05m} \times \frac{1.4^2}{2 \times 0.98} = 8m$$

03 배관에 흐르는 유체의 마찰손실수두에 관한 설명으로 옳지 않은 것은? 제27회

① 배관의 길이에 비례한다.
② 배관의 내경에 반비례한다.
③ 중력가속도에 반비례한다.
④ 배관의 마찰계수에 비례한다.
⑤ 유체의 속도에 비례한다.

톺아보기

배관에 흐르는 유체의 마찰손실수두는 유체 속도의 <u>제곱에 비례</u>한다.

더 알아보기

$$H = f \cdot \frac{l}{d} \cdot \frac{v^2}{2g}$$

f: 마찰손실계수, l: 배관길이, d: 관경, v: 유속, g: 중력가속도

정답 | 01 ③ 02 ③ 03 ⑤

04 건축설비의 기초사항에 관한 내용으로 옳은 것을 모두 고른 것은? 제26회

㉠ 순수한 물은 1기압하에서 4℃일 때 밀도가 가장 작다.
㉡ 정지해 있는 물에서 임의의 점의 압력은 모든 방향으로 같고 수면으로부터 깊이에 비례한다.
㉢ 배관에 흐르는 물의 마찰손실수두는 관의 길이와 마찰계수에 비례하고 유속의 제곱에 비례한다.
㉣ 관경이 달라지는 수평관 속에서 물이 정상 흐름을 할 때, 관경이 클수록 유속이 느려진다.

① ㉠, ㉡
② ㉢, ㉣
③ ㉠, ㉡, ㉢
④ ㉡, ㉢, ㉣
⑤ ㉠, ㉡, ㉢, ㉣

톺아보기

★ ㉠ 순수한 물은 1기압하에서 4℃일 때 밀도가 가장 크고, 비중이 가장 높다.

05 건축설비의 기초사항에 관한 내용으로 옳은 것은? 제25회

① 순수한 물은 1기압하에서 4℃일 때 가장 무겁고 부피는 최대가 된다.
② 섭씨 절대온도는 섭씨온도에 459.7을 더한 값이다.
③ 비체적이란 체적을 질량으로 나눈 것이다.
④ 물체의 상태변화 없이 온도가 변화할 때 필요한 열량은 잠열이다.
⑤ 열용량은 단위중량 물체의 온도를 1℃ 올리는 데 필요한 열량이다.

톺아보기

[오답해설]
① 순수한 물은 1기압하에서 4℃일 때 가장 무겁고 부피는 최소가 된다.
② 섭씨 절대온도는 섭씨온도에 273을 더한 값이다(273~373).
★ ④ 물체의 상태변화 없이 온도가 변화할 때 필요한 열량은 현열이다.
★ ⑤ 열용량은 어떤 물체의 온도를 1℃(k) 올리는 데 필요한 열량이다.

06 배관의 마찰손실수두 계산시 고려해야 할 사항으로 옳은 것을 모두 고른 것은?

제25회

㉠ 배관의 관경
㉡ 배관의 길이
㉢ 배관 내 유속
㉣ 배관의 마찰계수

① ㉠, ㉢
② ㉡, ㉣
③ ㉠, ㉡, ㉣
④ ㉡, ㉢, ㉣
⑤ ㉠, ㉡, ㉢, ㉣

톺아보기

★ $H = f \cdot \dfrac{l}{d} \cdot \dfrac{v^2}{2g}$

f: 마찰손실계수, l: 배관길이, d: 관경, v: 유속, g: 중력가속도

07 급수설비에 관한 설명으로 옳은 것은?

제24회

① 급수펌프의 회전수를 2배로 하면 양정은 8배가 된다.
② 펌프의 흡입양정이 작을수록 서징현상 방지에 유리하다.
③ 펌프직송방식은 정전이 될 경우 비상발전기가 없어도 일정량의 급수가 가능하다.
④ 고층건물의 급수 조닝방법으로 안전밸브를 설치하는 것이 있다.
⑤ 먹는물 수질기준 및 검사 등에 관한 규칙상 먹는물의 수질기준 중 수돗물의 경도는 300mg/L를 넘지 않아야 한다.

톺아보기

오답해설

★ ① 급수펌프의 회전수를 2배로 하면 양정은 <u>4배</u>가 된다.
   ● 양정은 회전수의 제곱에 비례한다.
★ ② 펌프의 흡입양정이 작을수록 <u>공동현상</u> 방지에 유리하다.
   ③ 펌프직송방식은 정전이 될 경우 비상발전기가 <u>없으면 일정량의 급수가 불가능</u>하다.
   ④ 고층건물의 급수 조닝방법으로 <u>감압밸브</u>를 설치하는 것이 있다.

정답 | 04 ④ 05 ③ 06 ⑤ 07 ⑤

08 건축설비에 관한 내용으로 옳은 것은? 제22회

① 배관 내를 흐르는 물과 배관 표면과의 마찰력은 물의 속도에 반비례한다.
② 물체의 열전도율은 그 물체 1kg을 1℃ 올리는 데 필요한 열량을 말한다.
③ 공기가 가지고 있는 열량 중, 공기의 온도에 관한 것이 잠열, 습도에 관한 것이 현열이다.
④ 동일한 양의 물이 배관 내를 흐를 때 배관의 단면적이 2배가 되면 물의 속도는 1/4배가 된다.
⑤ 실외의 동일한 장소에서 기압을 측정하면 절대압력이 게이지압력보다 큰 값을 나타낸다.

톺아보기

⑤ 절대압력 = 게이지압력 + 대기압

[오답해설]
① 배관 내를 흐르는 물과 배관 표면과의 마찰력은 물의 속도의 제곱에 비례한다.
② 비열은 어떤 물질 1kg을 1℃ 올리는 데 필요한 열량을 말한다.
③ 공기가 가지고 있는 열량 중, 공기의 온도에 관한 것이 현열, 습도에 관한 것이 잠열이다.
④ 동일한 양의 물이 배관 내를 흐를 때 배관의 단면적이 2배가 되면 물의 속도는 1/2배가 된다.

유량 = 배관의 단면적 × 유속, 유속 = $\dfrac{유량}{관단면적}$

09 급수설비에 관한 설명으로 옳은 것은? 제27회

① 고가수조방식은 타 급수방식에 비해 수질오염 가능성이 낮다.
② 수도직결방식은 건물 내 정전시 급수가 불가능하다.
③ 초고층건물의 급수 조닝방식으로 감압밸브방식이 있다.
④ 배관의 크로스커넥션을 통해 수질오염을 방지한다.
⑤ 동시사용률은 위생기기의 개수가 증가할수록 커진다.

톺아보기

③ 급수 조닝방식은 층별식, 중계식, 스필백방식, 감압밸브방식 등이 있다.

오답해설
★ ① 고가수조방식은 타 급수방식에 비해 수질오염 가능성이 가장 높다.
② 수도직결방식은 건물 내 정전시 급수가 가능하다.
★ ④ 배관은 크로스커넥션이 발생되지 않도록 해야 한다.
⑤ 동시사용률은 위생기기의 개수가 증가할수록 작아진다.

---

10 급수방식에 관한 내용으로 옳지 않은 것은? 제26회

① 고가수조방식은 건물 내 모든 층의 위생기구에서 압력이 동일하다.
② 펌프직송방식은 단수시에도 저수조에 남은 양만큼 급수가 가능하다.
③ 펌프직송방식은 급수설비로 인한 옥상층의 하중을 고려할 필요가 없다.
④ 고가수조방식은 타 급수방식에 비해 수질오염 가능성이 높다.
⑤ 수도직결방식은 수도 본관의 압력에 따라 급수압이 변한다.

톺아보기

고가수조방식은 건물 내 층수에 따라 위생기구에서 압력이 다르며, 저층으로 갈수록 수압이 증가한다.

정답 | 08 ⑤ 09 ③ 10 ①

11 급수설비에서 사용되는 펌프 중 구조상 터보형 펌프에 해당하는 것은? 제28회

① 피스톤펌프
② 기어펌프
③ 볼류트펌프
④ 다이어프램펌프
⑤ 플런저펌프

톺아보기

터보형 펌프의 종류

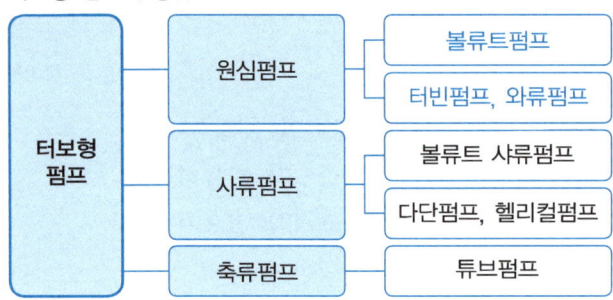

12 급수펌프의 회전수를 증가시켜 양수량을 10% 증가시켰을 때, 펌프의 양정과 축동력의 변화로 옳은 것은? 제27회

① 양정은 10% 증가하고, 축동력은 21% 증가한다.
② 양정은 21% 증가하고, 축동력은 10% 증가한다.
③ 양정은 21% 증가하고, 축동력은 약 33% 증가한다.
④ 양정은 약 33% 증가하고, 축동력은 10% 증가한다.
⑤ 양정은 약 33% 증가하고, 축동력은 21% 증가한다.

톺아보기

★ 전양정은 펌프 회전수^{2}에 비례한다.
 따라서, 양정: $1.1^2 = 1.21 = 21\%$ 증가, 축동력: $1.1^3 = 1.33 = 33\%$ 증가

더 알아보기

펌프의 회전수 변화

항목	회전수 변화
펌프의 양수량	회전수에 비례
펌프의 전양정	회전수의 제곱에 비례
펌프의 축동력	회전수의 3제곱에 비례

13. 급수설비의 펌프에 관한 내용으로 옳은 것은?   제26회

① 흡입양정을 크게 할수록 공동현상(cavitation) 방지에 유리하다.
② 펌프의 실양정은 흡입양정, 토출양정, 배관 손실수두의 합이다.
③ 서징현상(surging)을 방지하기 위해 관로에 있는 불필요한 잔류 공기를 제거한다.
④ 펌프의 전양정은 펌프의 회전수에 반비례한다.
⑤ 펌프의 회전수를 2배로 하면 펌프의 축동력은 4배가 된다.

톺아보기

오답해설
① 흡입양정을 작게 할수록 공동현상(cavitation) 방지에 유리하다.
★ ② 펌프의 전양정은 흡입양정, 토출양정, 배관 손실수두의 합이다.
④ 펌프의 전양정은 펌프 회전수의 제곱에 비례한다.
⑤ 펌프의 회전수를 2배로 하면 펌프의 축동력은 8배가 된다.

14 급수설비에서 펌프에 관한 설명으로 옳지 않은 것은?

제25회

① 펌프의 양수량은 펌프의 회전수에 비례한다.
② 볼류트펌프와 터빈펌프는 원심식 펌프이다.
③ 서징(surging)이 발생하면 배관 내의 유량과 압력에 변동이 생긴다.
④ 펌프의 성능곡선은 양수량, 관경, 유속, 비체적 등의 관계를 나타낸 것이다.
⑤ 공동현상(cavitation)을 방지하기 위해 흡입양정을 낮춘다.

톺아보기
펌프의 성능곡선은 유량, 양정, 펌프효율, 축동력, 유속, 유효흡입양정 등의 관계를 나타낸 것이다.

15 급수펌프를 1대에서 2대로 병렬연결하여 운전시 나타나는 현상으로 옳은 것은? (단, 펌프의 성능과 배관조건은 동일하다)

제24회

① 유량이 2배로 증가하여 양정은 0.5배로 감소한다.
② 양정이 2배로 증가하여 유량은 변화가 없다.
③ 유량이 1.5배로 증가하여 양정은 0.8배로 감소한다.
④ 유량과 양정이 모두 증가하나 증가폭은 배관계 저항조건에 따라 달라진다.
⑤ 배관계 저항조건에 따라 유량 또는 양정이 감소되는 경우도 있다.

톺아보기
유량과 양정이 모두 증가하나 증가폭은 배관계 저항조건에 따라 달라진다.

더 알아보기
펌프를 2대로 병렬운전하면 기본적으로 유량이 2배 증가한다. 그로 인하여 유속도 조금은 증가하고, 유량과 양정 모두 증가한다.

16 급수설비의 양수펌프에 관한 설명으로 옳은 것은?

제23회

① 용적형 펌프에는 벌(볼)류트펌프와 터빈펌프가 있다.
② 동일 특성을 갖는 펌프를 직렬로 연결하면 유량은 2배로 증가한다.
③ 펌프의 회전수를 변화시켜 양수량을 조절하는 것을 변속운전방식이라 한다.
④ 펌프의 양수량은 펌프의 회전수에 반비례한다.
⑤ 공동현상을 방지하기 위해 흡입양정을 높인다.

톺아보기

오답해설

① 용적형 펌프에는 피스톤(왕복)펌프, 플런저 펌프 등이 있고, 터보형 펌프에는 벌(볼)류트펌프, 터빈펌프 등이 있다.

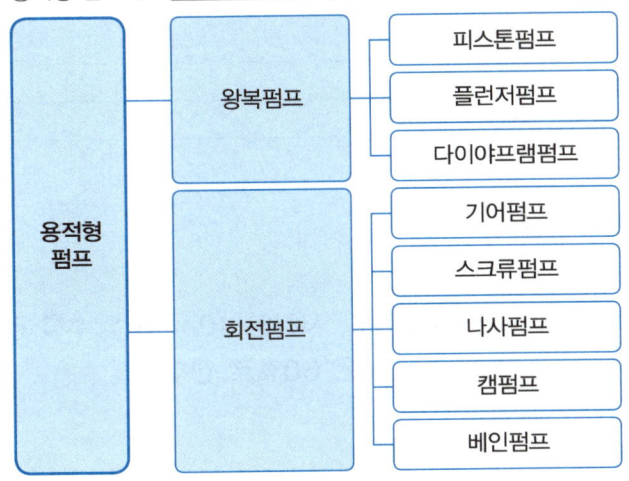

★ ② 동일 특성을 갖는 펌프를 직렬로 연결하면 양정이 2배로 증가한다.
★ ④ 펌프의 양수량은 펌프의 회전수에 비례한다(양수량은 회전수에 비례한다).
★ ⑤ 공동현상을 방지하기 위해 흡입양정을 낮춘다.

정답 | 14 ④ 15 ④ 16 ③

17 다음 중 펌프의 실양정 산정시 필요한 요소에 해당하는 것을 모두 고른 것은?

제23회

| ㉠ 마찰손실수두 | ㉡ 압력수두 | ㉢ 흡입양정 |
| ㉣ 속도수두 | ㉤ 토출양정 | |

① ㉠, ㉢
② ㉢, ㉤
③ ㉠, ㉡, ㉣
④ ㉡, ㉢, ㉣, ㉤
⑤ ㉠, ㉡, ㉢, ㉣, ㉤

톺아보기

★ 펌프의 실양정 = 흡입양정 + 토출양정

| 실양정 | 흡입양정 + 토출양정 |
| 전양정 | 흡입양정 + 토출양정 + 배관 마찰손실(저항) |

18 고가수조방식에서 양수펌프의 전양정이 50m이고, 시간당 30m³를 양수할 경우의 펌프축동력은 약 몇 kW인가? (단, 펌프의 효율은 60%로 한다)

제22회

① 5.2
② 6.8
③ 8.6
④ 10.5
⑤ 12.3

톺아보기

펌프의 축동력 = $\dfrac{W \cdot H \cdot Q}{6,120 \cdot E}$ = $\dfrac{1,000 \times 50 \times \dfrac{30}{60분}}{6,120 \times 0.6}$ = 6.8

19 수도법령상 급수관의 상태검사 및 조치 등의 일부이다. ( )에 들어갈 내용으로 옳은 것은?

제28회

> 제23조【급수관의 상태검사 및 조치 등】① 영 제51조에 해당하는 건축물 또는 시설의 소유자 등은 법 제33조 제4항에 따라 별표 7 제1호에 따른 일반검사를 다음 각 호의 구분에 따라 실시하여야 한다.
> 1. 최초 일반검사: 해당 건축물 또는 시설의 준공검사(급수관의 갱생·교체 등의 조치를 한 경우를 포함한다)를 실시한 날부터 (㉠)년이 경과한 날을 기준으로 6개월 이내에 실시
> 2. 2회 이후의 일반검사: 최근 일반검사를 받은 날부터 2년이 되는 날까지 매 (㉡)년마다 실시

① ㉠: 3, ㉡: 1
② ㉠: 3, ㉡: 2
③ ㉠: 3, ㉡: 3
④ ㉠: 5, ㉡: 2
⑤ ㉠: 5, ㉡: 3

톺아보기

1. 최초 일반검사: 해당 건축물 또는 시설의 준공검사(급수관의 갱생·교체 등의 조치를 한 경우를 포함한다)를 실시한 날부터 (㉠ 5)년이 경과한 날을 기준으로 6개월 이내에 실시
2. 2회 이후의 일반검사: 최근 일반검사를 받은 날부터 2년이 되는 날까지 매 (㉡ 2)년마다 실시

20 급수설비의 수질오염방지 대책으로 옳지 않은 것은?   제26회

① 수조의 급수 유입구와 유출구 사이의 거리는 가능한 한 짧게 하여 정체에 의한 오염이 발생하지 않도록 한다.
② 크로스커넥션이 발생하지 않도록 급수배관을 한다.
③ 수조 및 배관류와 같은 자재는 내식성 재료를 사용한다.
④ 건축물의 땅밑에 저수조를 설치하는 경우에는 분뇨·쓰레기 등의 유해물질로부터 5m 이상 띄워서 설치한다.
⑤ 일시적인 부압으로 역류가 발생하지 않도록 세면기에는 토수구 공간을 둔다.

톺아보기
수조의 급수 유입구와 유출구 사이의 거리는 가능한 한 멀게 하여 정체에 의한 오염이 발생하지 않도록 한다.

21 급수설비에 관한 내용으로 옳지 않은 것은?   제24회

① 기구급수부하단위는 같은 종류의 기구일 경우 공중용이 개인용보다 크다.
② 벽을 관통하는 배관의 위치에는 슬리브를 설치하는 것이 바람직하다.
③ 고층건물에서는 급수계통을 조닝하는 것이 바람직하다.
④ 펌프의 공동현상(cavitation)을 방지하기 위하여 펌프의 설치 위치를 수조의 수위보다 높게 하는 것이 바람직하다.
⑤ 보급수의 경도가 높을수록 보일러 내면에 스케일 발생 가능성이 커진다.

톺아보기
펌프의 공동현상(cavitation)을 방지하기 위하여 펌프의 설치 위치를 수조의 수위보다 낮게 하는 것이 바람직하다.

22 건축설비의 용어에 관한 내용으로 옳지 않은 것은?

제24회

① 국부저항은 배관이나 덕트에서 직관부 이외의 구부러지는 부분, 분기부 등에서 발생하는 저항이다.
② 소켓은 같은 관경의 배관을 직선으로 접속할 때 사용한다.
③ 서징현상은 배관 내를 흐르는 유체의 압력이 그 온도에서의 유체의 포화증기압보다 낮아질 경우 그 일부가 증발하여 기포가 발생하는 것이다.
④ 비열은 어떤 물질의 질량 1kg을 온도 1℃ 올리는 데 필요한 열량이다.
⑤ 고위발열량은 연료가 연소할 때 발생되는 수증기와 잠열을 포함한 총발열량이다.

톺아보기

공동현상(cavitation)은 배관 내를 흐르는 유체의 압력이 그 온도에서의 유체의 포화증기압보다 낮아질 경우 그 일부가 증발하여 기포가 발생하는 것이다.

더 알아보기

서징현상(surging, 맥동현상)

펌프 운전 중에 압력계기의 눈금이 어떤 주기를 가지고 큰 진폭으로 흔들림과 동시에 어떤 범위 내에서 주기적인 변동이 발생되어 흡입 및 토출배관의 주기적인 진동, 소음을 수반하는 현상이다.

23 급수설비의 수질오염에 관한 설명으로 옳지 않은 것은?

제22회

① 저수조에 설치된 넘침관 말단에는 철망을 씌워 벌레 등의 침입을 막는다.
② 물탱크에 물이 오래 있으면 잔류염소가 증가하면서 오염 가능성이 커진다.
③ 크로스커넥션이 이루어지면 오염 가능성이 있다.
④ 세면기에는 토수구 공간을 확보하여 배수의 역류를 방지한다.
⑤ 대변기에는 버큠브레이커(vacuum breaker)를 설치하여 배수의 역류를 방지한다.

톺아보기

물탱크에 물이 오래 있으면 잔류염소가 감소하면서 오염 가능성이 커진다.

정답 | 20 ① 21 ④ 22 ③ 23 ②

24 상중하

다음 중 고층건물에서 급수조닝을 하는 이유와 관련 있는 것은? 제22회

① 엔탈피　　　　　　　② 쇼트서킷
③ 캐비테이션　　　　　④ 수격작용
⑤ 유인작용

톺아보기

급수조닝의 목적
★ 1. 저층부의 수압을 일정하게 유지
★ 2. 수격작용 감소
　 3. 배관 및 밸브류의 파손방지

정답 | 24 ④

제2장 / 급탕설비

기본서 p.260~272

01 20℃의 물 3kg을 100℃의 증기로 만들기 위해 필요한 열량(kJ)은? (단, 물의 비열은 4.2kJ/kg·K, 100℃ 온수의 증발잠열은 2,257kJ/kg으로 한다) 제27회

① 3,153　　② 3,265　　③ 6,771
④ 7,779　　⑤ 8,031

톺아보기

(1) 20℃에서 100℃로 바꾸는 데 필요한 열
　3kg × 4.2kJ × (100℃ − 20℃) = 1,008kJ
(2) 100℃ 물에서 100℃ 수증기로 바꾸는 데 필요한 열
　2,257kJ × 3kg = 6,771kJ
(3) 1,008kJ + 6,771kJ = <u>7,779kJ</u>

02 급탕설비에 관한 내용으로 옳지 않은 것은? 제28회

① 기수혼합식은 증기에서 발생하는 소음을 줄이기 위해 스트레이너를 사용한다.
② 급탕온도를 일정하게 유지하기 위해 자동온도조절장치를 설치한다.
③ 중앙식 급탕방식 중 간접가열식은 저탕조 내에 가열코일을 설치하고, 이 코일에 증기 등을 공급하여 저탕조 내의 물을 가열하는 방식이다.
④ 스위블조인트는 엘보를 사용하여 배관의 신축을 흡수하는 방식이다.
⑤ 순간온수기는 벤튜리(Venturi)의 압력차에 의한 다이어프램의 구동으로 작동된다.

톺아보기

★ 기수혼합식은 증기에서 발생하는 소음을 줄이기 위해 <u>스팀사일렌서</u>를 사용한다.

정답 | 01 ④　02 ①

03 급탕설비에 관한 설명으로 옳지 않은 것은?　　　　　　　　　　　　　　제27회

① 중앙식에서 온수를 빨리 얻기 위해 단관식을 적용한다.
② 중앙식은 국소식(개별식)에 비해 배관에서의 열손실이 크다.
③ 대형 건물에는 간접가열식이 직접가열식보다 적합하다.
④ 배관의 신축을 고려하여 배관이 벽이나 바닥을 관통하는 경우 슬리브를 사용한다.
⑤ 간접가열식은 직접가열식에 비해 저압의 보일러를 적용할 수 있다.

톺아보기

★ 중앙식 급탕설비에서 온수를 빨리 얻기 위해 복관식을 적용한다.

---

04 급탕설비에 관한 내용으로 옳지 않은 것은?　　　　　　　　　　　　　　제25회

① 저탕탱크의 온수온도를 설정온도로 유지하기 위하여 서모스탯을 설치한다.
② 기수혼합식 탕비기는 소음이 발생하지 않는 장점이 있으나 열효율이 좋지 않다.
③ 중앙식 급탕방식은 가열방법에 따라 직접가열식과 간접가열식으로 구분한다.
④ 개별식 급탕방식은 급탕을 필요로 하는 개소마다 가열기를 설치하여 급탕하는 방식이다.
⑤ 수온변화에 의한 배관의 신축을 흡수하기 위하여 신축이음을 설치한다.

톺아보기

기수혼합식 탕비기는 소음 발생이 크고, 열효율은 100%에 가깝다.

05 중앙식 급탕설비에 관한 내용으로 옳은 것만 모두 고른 것은? 제24회

> ㉠ 직접가열식은 간접가열식에 비해 고층건물에서는 고압에 견디는 보일러가 필요하다.
> ㉡ 직접가열식은 간접가열식보다 일반적으로 열효율이 높다.
> ㉢ 직접가열식은 간접가열식보다 대규모 설비에 적합하다.
> ㉣ 직접가열식은 간접가열식보다 수처리를 적게 한다.

① ㉠, ㉡
② ㉡, ㉣
③ ㉢, ㉣
④ ㉠, ㉡, ㉢
⑤ ㉠, ㉢, ㉣

톺아보기

★ ㉢ 직접가열식은 간접가열식보다 소규모 설비에 적합하다.
★ ㉣ 직접가열식은 간접가열식보다 수처리를 크게(자주) 한다.

06 급탕설비에 관한 내용으로 옳지 않은 것은? 제23회

① 간접가열식이 직접가열식보다 열효율이 좋다.
② 팽창관의 도중에는 밸브를 설치해서는 안 된다.
③ 일반적으로 급탕관의 관경을 환탕관(반탕관)의 관경보다 크게 한다.
④ 자동온도조절기(Thermostat)는 저탕탱크에서 온수온도를 적절히 유지하기 위해 사용하는 것이다.
⑤ 급탕배관을 복관식(2관식)으로 하는 이유는 수전을 열었을 때, 바로 온수가 나오게 하기 위해서이다.

톺아보기

간접가열식이 직접가열식보다 열효율이 나쁘다.

정답 | 03 ① 04 ② 05 ① 06 ①

07 급탕설비에 관한 내용으로 옳지 않은 것은?   제22회

① 간접가열식은 직접가열식보다 수처리를 더 자주 해야 한다.
② 유량이 균등하게 분배되도록 역환수방식을 적용한다.
③ 동일한 배관재를 사용할 경우 급탕관은 급수관보다 부식이 발생하기 쉽다.
④ 개별식은 중앙식에 비해 배관에서의 열손실이 작다.
⑤ 일반적으로 개별식은 단관식, 중앙식은 복관식 배관을 사용한다.

톺아보기

직접가열식은 간접가열식보다 수처리를 더 자주 해야 한다. 즉, <u>직접가열식은 스케일 발생이 커 수처리를 자주 해야 한다.</u>

08 급탕설비의 안전장치에 관한 설명으로 옳지 않은 것은?   제27회

① 팽창관 도중에는 배관의 손상을 방지하기 위해 감압밸브를 설치한다.
② 급탕온도를 일정하게 유지하기 위해 자동온도조절장치를 설치한다.
③ 안전밸브는 저탕조 등의 내부압력이 증가하면 온수를 배출하여 압력을 낮추는 장치이다.
④ 배관의 신축을 흡수처리하기 위해 스위블조인트, 벨로즈형이음 등을 설치한다.
⑤ 팽창탱크의 용량은 급탕계통 내 전체 수량에 대한 팽창량을 기준으로 산정한다.

톺아보기

★ 팽창관 도중에는 <u>어떠한 밸브도 설치를 금지</u>한다.

09 배관의 신축에 대응하기 위해 설치하는 이음쇠가 아닌 것은? 제26회

① 스위블조인트
② 컨트롤조인트
③ 신축곡관
④ 슬리브형조인트
⑤ 벨로즈형조인트

톺아보기

컨트롤조인트는 건축물에 설치하는 신축이음(= 신축이음쇠)이다.

10 다음에서 설명하고 있는 것은 무엇인가? 제22회

> 급탕배관이 벽이나 바닥을 통과할 경우 온수 온도변화에 따른 배관의 신축이 쉽게 이루어지도록 벽(바닥)과 배관 사이에 설치하여 벽(바닥)과 배관을 분리시킨다.

① 슬리브
② 공기빼기밸브
③ 신축이음
④ 서모스탯
⑤ 열감지기

톺아보기

★ 배관이 벽체나 바닥을 통과하기 위해 미리 설치된 배관으로 주로 배관의 교체 및 수리를 용이하게 하고, 배관의 신축·팽창에 대응하기 위해서 사용되는 것은 슬리브(sleeve)이다.

정답 | 07 ① 08 ① 09 ② 10 ①

제3장 / 난방설비

기본서 p.276~300

01

다음과 같은 조건의 벽체에서 실내측 표면온도(°C)는 얼마인가? (단, 계산결과값은 소수점 둘째자리에서 반올림한다) 제28회

- 실내온도: 23°C
- 외기온도: −5°C
- 실내측 표면 열전달율: 8.0W/m² · K
- 벽체 열관류율: 0.5W/m² · K

① 19.8 ② 20.3
③ 20.8 ④ 21.3
⑤ 21.8

톺아보기

실내측 표면온도 = 실내온도 − [벽체 열관류율 × 실내측 표면 열전달저항 × (실내온도 − 외기온도)]

$= 23°C − [0.5 × (\frac{1}{8}) × (23°C − (−5°C))]$

$= \underline{21.25} ≒ 21.3$

02

열관류저항이 3.5m² · K/W인 기존 벽체에 열전도율 0.04W/m · K인 두께 60mm의 단열재를 보강하였다. 이때 단열이 보강된 벽체의 열관류율(W/m² · K)은? 제27회

① 0.15 ② 0.20
③ 0.25 ④ 0.30
⑤ 0.35

톺아보기

(1) 보강된 열관류저항 = 기존 벽체 열관류율저항 + 단열재 열전도저항($\frac{\text{단열재 두께(mm)}}{\text{열전도율}}$)

$$= 3.5 + (\frac{0.06}{0.04})$$
$$= 3.5 + 1.5$$
$$= 5$$

(2) 보강된 열관류저항은 5이다.

(3) 열관류율과 저항은 역수관계이므로 열관류율은 $\frac{1}{5}$ = 0.2

---

03 기존 벽체의 열관류율을 0.25W/m²·K에서 0.16W/m²·K로 낮추고자 할 때, 추가해야 할 단열재의 최소두께(mm)는 얼마인가? (단, 단열재의 열전도율은 0.04W/m·K이다) 제26회

① 25
② 30
③ 60
④ 90
⑤ 120

톺아보기

$$\text{열관류율} = \frac{\text{벽체 열전도율}}{\text{단열재 두께}}$$

(1) 열관류율이 0.25인 경우

$0.25 = \frac{0.04}{\text{단열재 두께}}$ = 단열재 두께 = $\frac{0.04}{0.25}$ = 0.16m

(2) 열관류율이 0.16인 경우

$0.16 = \frac{0.04}{\text{단열재 두께}}$ = 단열재 두께 = $\frac{0.04}{0.16}$ = 0.25m

따라서, 0.25m − 0.16m = 0.09m = **90mm**

정답 | 01 ④ 02 ② 03 ④

04

기존 열관류저항이 3.0m² · K/W인 벽체에 열전도율 0.04W/m · K인 단열재 40mm를 보강하였다. 이때 단열이 보강된 벽체의 열관류율(W/m² · K)은 약 얼마인가?

제23회

① 0.10
② 0.15
③ 0.20
④ 0.25
⑤ 0.30

톺아보기

기존 열관류저항 + ($\frac{단열재\ 두께(m)}{열전도율}$) = 3 + ($\frac{0.04m}{0.04}$) = 4이다.

그러나 저항은 역수값이므로 $\frac{1}{4}$ = 0.25

05

난방용 보일러에 관한 설명으로 옳은 것은?

제27회

① 상용출력은 난방부하, 급탕부하 및 축열부하의 합이다.
② 환산 증발량은 100℃의 물을 102℃의 증기로 증발시키는 것을 기준으로 하여 보일러의 실제 증발량을 환산한 것이다.
③ 수관보일러는 노통연관보일러에 비해 대규모 시설에 적합하다.
④ 이코노마이저(economizer)는 보일러 배기가스에서 회수한 열로 연소용 공기를 예열하는 장치이다.
⑤ 저위발열량은 연료 연소시 발생하는 수증기의 잠열을 포함한 것이다.

톺아보기

수관보일러는 지역난방, 공장 등 대규모 시설에 적합하다.

오답해설

★ ① 상용출력은 난방부하, 급탕부하 및 배관손실부하의 합이다.
② 환산 증발량은 100℃의 물을 100℃의 증기로 증발시키는 것을 기준으로 하여 보일러의 실제 증발량을 환산한 것이다(환산 증발량은 보일러의 능력을 나타내는 것의 하나로 실제 증발량을 기준 상태의 증발량으로 환산한 것을 말한다).
★ ④ 이코노마이저(economizer)는 보일러 배기가스에서 회수한 열로 급급용 공기를 예열하는 장치이다(에너지 절약을 위해 폐열에서 회수된 열을 급수예열에 이용하는 방법).
★ ⑤ 저위발열량은 연료 연소시 발생하는 수증기의 잠열을 제외한 것이다.

06 보일러에 관한 용어의 설명으로 옳은 것을 모두 고른 것은? 제26회

> ㉠ 정격출력은 난방부하, 급탕부하, 예열부하의 합이다.
> ㉡ 보일러 1마력은 1시간에 100℃의 물 15.65kg을 증기로 증발시킬 수 있는 능력을 말한다.
> ㉢ 저위발열량은 연소 직전 상변화에 포함되는 증발잠열을 포함한 열량을 말한다.
> ㉣ 이코노마이저(economizer)는 에너지 절약을 위하여 배열에서 회수된 열을 급수 예열에 이용하는 방법을 말한다.

① ㉠, ㉡
② ㉠, ㉢
③ ㉡, ㉣
④ ㉡, ㉢, ㉣
⑤ ㉠, ㉡, ㉢, ㉣

톺아보기

★ ㉠ 정격출력은 난방부하 + 급탕부하 + 예열부하 + 배관부하의 합이다.
㉢ 저위발열량은 연소 직전 상(태)변화에 포함되는 증발잠열을 제외한 열량을 말한다.

07 가스보일러로 20℃의 물 3,000kg을 90℃로 올리기 위해 필요한 최소가스량(m^3)은? (단, 가스발열량은 40,000kJ/m^3, 보일러 효율은 90%로 가정하고, 물의 비열은 4.2kJ/kg · K로 한다) 제24회

① 19.60
② 22.05
③ 24.50
④ 25.25
⑤ 26.70

톺아보기

최소가스량 = $\dfrac{\text{급탕량} \times \text{비열} \times \text{온도차}}{\text{가스발열량} \times \text{효율}} = \dfrac{3{,}000 \times 4.2 \times (90-20)}{40{,}000 \times 0.9} = 24.5$

정답 | 04 ④ 05 ③ 06 ③ 07 ③

08 난방설비에 관한 내용으로 옳지 않은 것은?
제22회

① 보일러의 정격출력은 난방부하와 급탕부하의 합이다.
② 노통연관보일러는 증기나 고온수 공급이 가능하다.
③ 표준상태에서 증기방열기의 표준방열량은 약 756 W/m²이다.
④ 온수방열기의 표준방열량 산정시 실내온도는 18.5℃를 기준으로 한다.
⑤ 지역난방용으로 수관식보일러를 주로 사용한다.

톺아보기

보일러의 정격출력 = 난방부하 + 급탕부하 + 배관손실부하 + 예열부하
보일러의 상용출력 = 난방부하 + 급탕부하 + 배관손실부하

09 건축물의 설비기준 등에 관한 규칙상 온수온돌에 관한 내용으로 옳지 않은 것은? (단, 한국산업규격에 따른 조립식 온수온돌판을 사용하여 온수온돌을 시공하는 경우는 제외한다)
제28회

① 온수온돌은 바탕층, 단열층, 채움층, 배관층(방열관을 포함한다) 및 마감층 등으로 구성된다.
② 채움층이란 온돌구조의 높이 조정, 차음성능 향상, 보조적인 단열기능 등을 위하여 배관층과 단열층 사이에 완충재 등을 설치하는 층을 말한다.
③ 배관층이란 단열층 또는 채움층 위에 방열관을 설치하는 층을 말한다.
④ 방열관이란 열을 발산하는 온수를 순환시키기 위하여 배관층에 설치하는 온수배관을 말한다.
⑤ 바탕층이 지면에 접하는 경우에는 바탕층 아래와 주변 벽면에 높이 5cm 이상의 방수처리를 하여야 하며, 단열재의 윗부분에 방습처리를 하여야 한다.

톺아보기

바탕층이 지면에 접하는 경우에는 바탕층 아래와 주변 벽면에 높이 10cm 이상의 방수처리를 하여야 하며, 단열재의 윗부분에 방습처리를 하여야 한다.

10

난방방식에 관한 설명으로 옳지 않은 것은?   제27회

① 온수난방은 증기난방에 비해 방열량을 조절하기 쉽다.
② 온수난방에서 직접환수방식은 역환수방식에 비해 각 방열기에 온수를 균등히 공급할 수 있다.
③ 증기난방은 온수난방에 비해 방열기의 방열면적을 작게 할 수 있다.
④ 온수난방은 증기난방에 비해 예열시간이 길다.
⑤ 지역난방방식에서 고온수를 열매로 할 경우에는 공동주택 단지 내의 기계실 등에서 열교환을 한다.

톺아보기

★ 온수난방에서 <u>역환수방식은</u> 직접환수방식에 비해 각 방열기에 온수를 균등히 공급할 수 있다.

11

대류난방과 비교한 복사난방에 관한 설명으로 옳은 것을 모두 고른 것은?   제27회

㉠ 실내 상하 온도분포의 편차가 작다.
㉡ 배관이 구조체에 매립되는 경우 열매체 누설시 유지보수가 어렵다.
㉢ 저온수를 이용하는 방식의 경우 일시적인 난방에 효과적이다.
㉣ 실(室)이 개방된 상태에서도 난방효과가 있다.

① ㉠, ㉡   ② ㉠, ㉢
③ ㉡, ㉣   ④ ㉠, ㉡, ㉣
⑤ ㉠, ㉡, ㉢, ㉣

톺아보기

㉢ 저온수를 이용하는 복사난방방식의 경우 <u>지속적인</u> 난방에 효과적이다.

정답 | 08 ① 09 ⑤ 10 ② 11 ④

12 난방설비에 사용되는 부속기기에 관한 설명으로 옳지 않은 것은? 제26회

① 방열기밸브는 증기 또는 온수에 사용된다.
② 공기빼기밸브는 증기 또는 온수에 사용된다.
③ 리턴콕(return cock)은 온수의 유량을 조절하는 밸브이다.
④ 2중 서비스밸브는 방열기밸브와 열동트랩을 조합한 구조이다.
⑤ 버킷트랩은 증기와 응축수의 온도 및 엔탈피 차이를 이용하여 응축수를 배출하는 방식이다.

톺아보기

★ 버킷트랩은 버킷의 부력을 이용한 기계식 트랩방식이다.

더 알아보기

버킷트랩 응축수 배출구조

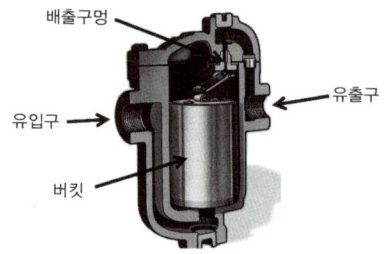

13 난방설비에 관한 내용으로 옳지 않은 것은? 제26회

① 증기난방에서 기계환수식은 응축수 탱크에 모인 물을 응축수 펌프로 보일러에 공급하는 방법이다.
② 증기트랩의 기계식트랩은 플로트트랩을 포함한다.
③ 증기배관에서 건식환수배관방식은 환수주관이 보일러 수면보다 위에 위치한다.
④ 관경결정법에서 마찰저항에 의한 압력손실은 유체밀도에 비례한다.
⑤ 동일 방열량에 대하여 바닥복사난방은 대류난방보다 실의 평균온도가 높기 때문에 손실열량이 많다.

톺아보기

동일 방열량에 대하여 바닥복사난방은 대류난방보다 실의 손실열량이 적다.

14

난방방식에 관한 설명으로 옳지 않은 것은? 제25회

① 온수난방은 증기난방과 비교하여 예열시간이 짧아 간헐운전에 적합하다.
② 난방코일이 바닥에 매설되어 있는 바닥복사난방은 균열이나 누수시 수리가 어렵다.
③ 증기난방은 비난방시 배관이 비어 있어 한랭지에서도 동결에 의한 파손 우려가 적다.
④ 바닥복사난방은 온풍난방과 비교하여 천장이 높은 대공간에서도 난방효과가 좋다.
⑤ 증기난방은 온수난방과 비교하여 난방부하의 변동에 따른 방열량 조절이 어렵다.

톺아보기

★ 온수난방은 증기난방과 비교하여 <u>예열시간이 길어 지속운전</u>에 적합하다.

15

지역난방방식의 특징에 관한 내용으로 옳지 않은 것은? 제24회

① 열병합발전인 경우에 미활용 에너지를 이용할 수 있어 에너지 절약효과가 있다.
② 단지 자체에 중앙난방 보일러를 설치하는 경우와 비교하여 단지의 난방 운용 인원수를 줄일 수 있다.
③ 건물이 밀집되어 있을수록 배관매설비용이 줄어든다.
④ 단지에 중앙난방 보일러를 설치하지 않으므로 기계실 면적을 줄일 수 있다.
⑤ 건물이 플랜트로부터 멀리 떨어질수록 열매 반송동력이 감소한다.

톺아보기

건물이 플랜트로부터 멀리 떨어질수록 열매 반송동력, 즉 <u>공급동력이 증가</u>한다.

정답 | 12 ⑤ 13 ⑤ 14 ① 15 ⑤

16 바닥복사난방방식에 관한 설명으로 옳지 않은 것은? 제24회

① 온풍난방방식보다 천장이 높은 대공간에서도 난방효과가 좋다.
② 배관이 구조체에 매립되는 경우 열매체의 누설시 유지보수가 어렵다.
③ 대류난방, 온풍난방방식보다 실의 예열시간이 길다.
④ 실내의 상하 온도분포 차이가 커서 대류난방방식보다 쾌적성이 좋지 않다.
⑤ 바닥에 방열기를 설치하지 않아도 되므로 바닥면적 이용도가 높아진다.

톺아보기

실내의 상하 온도분포 차이가 <u>작고</u>, 대류난방방식보다 쾌적성이 <u>매우 좋다</u>.

17 난방방식에 관한 설명으로 옳지 않은 것은? 제23회

① 대류(온풍)난방은 가습장치를 설치하여 습도조절을 할 수 있다.
② 온수난방은 증기난방에 비해 예열시간이 길어서 난방감을 느끼는 데 시간이 걸려 간헐운전에 적합하지 않다.
③ 온수난방에서 방열기의 유량을 균등하게 분배하기 위하여 역환수방식을 사용한다.
④ 증기난방은 응축수의 환수관 내에서 부식이 발생하기 쉽다.
⑤ 증기난방은 온수난방보다 열매체의 온도가 높아 열매량 차이에 따른 열량조절이 쉬우므로, 부하변동에 대한 대응이 쉽다.

톺아보기

증기난방은 온수난방보다 열매체의 온도가 높아 열매량 차이에 따른 열량조절이 <u>어려워</u>, 부하변동에 대한 대응이 <u>어렵다</u>.

18 증기난방설비의 구성요소가 아닌 것은? 제22회

① 감압밸브
② 응축수탱크
③ 팽창탱크
④ 응축수펌프
⑤ 버킷트랩

톺아보기

★ 팽창탱크와 팽창관은 급탕설비와 온수난방에서 사용되는 설비이다.

19 난방방식에 관한 설명으로 옳지 않은 것은? 제22회

① 증기난방은 온수난방에 비해 열의 운반능력이 크다.
② 온수난방은 증기난방에 비해 방열량조절이 용이하다.
③ 온수난방은 증기난방에 비해 예열시간이 짧다.
④ 복사난방은 바닥구조체를 방열체로 사용할 수 있다.
⑤ 복사난방은 대류난방에 비해 실내온도 분포가 균등하다.

톺아보기

온수난방은 증기난방에 비해 예열시간이 길다.

정답 | 16 ④ 17 ⑤ 18 ③ 19 ③

제4장 / 배수 및 통기설비

기본서 p.304~325

01 다음 트랩의 단면에서 (㉠), (㉡)의 명칭으로 옳은 것은? 제28회

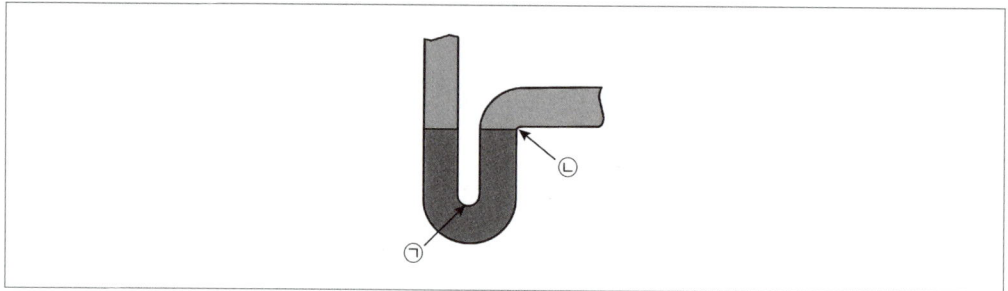

① ㉠: 벤트(vent), ㉡: 디프(dip)
② ㉠: 디프(dip), ㉡: 웨어(weir)
③ ㉠: 웨어(weir), ㉡: 벤트(vent)
④ ㉠: 웨어(weir), ㉡: 디프(dip)
⑤ ㉠: 디프(dip), ㉡: 벤트(vent)

톺아보기

트랩의 봉수 깊이

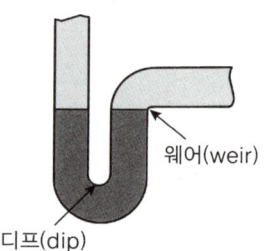

02 배수배관에서 청소구의 설치장소로 옳지 않은 것은? 제27회

① 배수수직관의 최하단부
② 배수수평지관의 최하단부
③ 건물배수관과 부지하수관이 접속하는 곳
④ 배관이 45° 이상의 각도로 구부러지는 곳
⑤ 수평관 관경이 100mm 초과시 직선길이 30m 이내마다

톺아보기

배수수평지관의 최상단부(기점)에 청소구를 설치한다.

---

03 트랩의 봉수파괴 원인이 아닌 것은? 제25회

① 수격작용   ② 모세관현상
③ 증발작용   ④ 분출작용
⑤ 자기사이펀작용

톺아보기

수격작용(water hammer)이란 관속의 유속이 급격히 변할 때 관내 압력이 상승하거나 하강하여 충격이 발생하는 현상을 말하는 것으로, 트랩의 봉수파괴 원인과 관련이 없다.

정답 | 01 ② 02 ② 03 ①

04 기구배수부하단위가 낮은 기구에서 높은 기구의 순서로 옳은 것은? 제24회

| ㉠ 개인용 세면기 | ㉡ 공중용 대변기 | ㉢ 주택용 욕조 |

① ㉠ - ㉡ - ㉢
② ㉠ - ㉢ - ㉡
③ ㉡ - ㉠ - ㉢
④ ㉢ - ㉠ - ㉡
⑤ ㉢ - ㉡ - ㉠

톺아보기

기구배수부하단위
㉠ 개인용 세면기: 1
㉡ 공중용 대변기: 8
㉢ 주택용 욕조: 2~3

05 옥내배수관의 관경을 결정하는 방법으로 옳지 않은 것은? 제24회

① 옥내배수관의 관경은 기구배수부하단위법 등에 의하여 결정할 수 있다.
② 기구배수부하단위는 각 기구의 최대배수유량을 소변기 최대배수유량으로 나눈 값에 동시사용률 등을 고려하여 결정한다.
③ 배수수평지관의 관경은 그것에 접속하는 트랩구경과 기구배수관의 관경과 같거나 커야 한다.
④ 배수수평지관은 배수가 흐르는 방향으로 관경을 축소하지 않는다.
⑤ 배수수직관의 관경은 가장 큰 배수부하를 담당하는 최하층 관경을 최상층까지 동일하게 적용한다.

톺아보기

기구배수부하단위는 각 기구의 최대배수유량을 세면기 최대배수유량으로 나눈 값에 동시사용률 등을 고려하여 결정한다.

06

배수트랩의 구비조건에 관한 내용으로 옳지 않은 것은? 제24회

① 자기사이펀작용이 원활하게 일어나야 한다.
② 하수가스, 냄새의 역류를 방지하여야 한다.
③ 포집기류를 제외하고는 오수에 포함된 오물 등이 부착 및 침전하기 어려워야 한다.
④ 봉수깊이가 항상 유지되는 구조이어야 한다.
⑤ 간단한 구조이어야 한다.

톺아보기

★ 사이펀작용이 일어나면 봉수가 파괴되므로 자기사이펀작용이 원활하게 일어나지 않도록 해야 한다.

07

다음 중 배수트랩에 해당하는 것을 모두 고른 것은? 제23회

| ㉠ 벨트랩 | ㉡ 버킷트랩 | ㉢ 그리스트랩 |
| ㉣ P트랩 | ㉤ 플로트트랩 | ㉥ 드럼트랩 |

① ㉠, ㉡
② ㉠, ㉢, ㉥
③ ㉢, ㉣, ㉥
④ ㉠, ㉢, ㉣, ㉥
⑤ ㉡, ㉢, ㉣, ㉤

톺아보기

㉡ 버킷트랩, ㉤ 플로트트랩은 증기난방에서 사용되는 방열기(증기)트랩의 일종이다.

정답 | 04 ② 05 ② 06 ① 07 ④

08 배수설비 트랩의 일반적인 용도로 옳지 않은 것은?

① 기구트랩 – 바닥 배수
② S트랩 – 소변기 배수
③ U트랩 – 가옥 배수
④ P트랩 – 세면기 배수
⑤ 드럼트랩 – 주방싱크 배수

톺아보기

기구배수는 위생기구의 배수용으로 사용되는 트랩이며, 바닥 배수에는 바닥트랩 등이 사용된다.

09 배수수직관 내의 압력변동을 방지하기 위해 배수수직관과 통기수직관을 연결하는 통기관은?

① 결합통기관
② 공용통기관
③ 각개통기관
④ 루프통기관
⑤ 신정통기관

톺아보기

★ 결합통기관은 배수수직관과 통기수직관을 연결하는 통기관이다.

10 통기방식에 관한 설명으로 옳지 않은 것은?

① 외부에 개방되는 통기관의 말단은 인접건물의 문, 개폐 창문과 인접하지 않아야 한다.
② 결합통기관은 배수수직관과 통기수직관을 연결하는 통기관이다.
③ 각개통기관의 수직올림 위치는 동수구배선보다 아래에 위치시켜 흐름이 원활하도록 하여야 한다.
④ 통기수직관은 빗물수직관과 연결해서는 안 된다.
⑤ 각개통기방식은 기구의 넘침면보다 15cm 정도 위에서 통기수평지관과 접속시킨다.

톺아보기

★ 각개통기관의 수직올림 위치는 동수구배선보다 <u>위에</u> 위치시켜 흐름이 원활하도록 하여야 한다.

11 배수 및 통기설비에 관한 설명으로 옳지 않은 것은?   제23회

① 결합통기관은 배수수직관 내의 압력변화를 완화하기 위하여 배수수직관과 통기수직관을 연결하는 통기관이다.
② 통기수평지관은 기구의 물넘침선보다 150mm 이상 높은 위치에서 수직통기관에 연결한다.
③ 신정통기관은 배수수직관의 상부를 그대로 연장하여 대기에 개방하는 것으로, 배수수직관의 관경보다 작게 해서는 안 된다.
④ 배수수평관이 긴 경우, 배수관의 관 지름이 100mm 이하인 경우에는 20m 이내, 100mm를 넘는 경우는 매 35m마다 청소구를 설치한다.
⑤ 특수통기방식의 일종인 소벤트방식, 섹스티아방식은 신정통기방식을 변형시킨 것이다.

톺아보기

배수수평관이 긴 경우, 배수관의 관 지름이 100mm 이하인 경우에는 <u>15m 이내</u>, 100mm를 넘는 경우는 매 <u>30m마다</u> 청소구를 설치한다.

정답 | 08 ①   09 ①   10 ③   11 ④

12 배수 및 통기설비에 관한 내용으로 옳은 것은? 　　제22회

① 배수관 내에 유입된 배수가 상층부에서 하층부로 낙하하면서 증가하던 속도가 더 이상 증가하지 않을 때의 속도를 종국유속이라 한다.
② 도피통기관은 배수수직관의 상부를 그대로 연장하여 대기에 개방한 통기관이다.
③ 루프통기관은 고층건물에서 배수수직관과 통기수직관을 연결하여 설치한 것이다.
④ 신정통기관은 모든 위생기구마다 설치하는 통기관이다.
⑤ 급수탱크의 배수방식은 간접식보다 직접식으로 해야 한다.

톺아보기

오답해설
② 신정통기관은 배수수직관의 상부를 그대로 연장하여 대기에 개방한 통기관이다.
③ 결합통기관은 고층건물에서 배수수직관과 통기수직관을 연결하여 설치한 것이다.
④ 각개(개별)통기관은 모든 위생기구마다 설치하는 통기관이다.
⑤ 급수탱크의 배수방식은 직접식보다 간접식으로 해야 한다.

정답 | 12 ①

제5장 / 위생기구 및 배관설비

기본서 p.330~348

01 위생기구에 관한 내용으로 옳은 것을 모두 고른 것은?

제25회

㉠ 세출식 대변기는 오물을 직접 유수부에 낙하시켜 물의 낙차에 의하여 오물을 배출하는 방식이다.
㉡ 위생기구설비의 유닛(unit)화는 공기단축, 시공정밀도 향상 등의 장점이 있다.
㉢ 사이펀식 대변기는 분수구로부터 높은 압력으로 물을 뿜어내어 그 작용으로 유수를 배수관으로 유인하는 방식이다.
㉣ 위생기구는 흡수성이 작고, 내식성 및 내마모성이 우수하여야 한다.

① ㉠, ㉢
② ㉡, ㉣
③ ㉠, ㉡, ㉣
④ ㉡, ㉢, ㉣
⑤ ㉠, ㉡, ㉢, ㉣

톺아보기

㉠ <u>세락식</u> 대변기는 오물을 직접 유수부에 낙하시켜 물의 낙차에 의하여 오물을 배출하는 방식이다.
㉢ <u>블로아웃식</u> 대변기는 분수구로부터 높은 압력으로 물을 뿜어내어 그 작용으로 유수를 배수관으로 유인하는 방식이다.

정답 | 01 ②

02 위생기구의 세정(플러시)밸브에 관한 설명으로 옳지 않은 것은?   제23회

① 플러시밸브의 2차측(하류측)에는 버큠브레이커(vacuum breaker)를 설치한다.
② 버큠브레이커(vacuum breaker)의 역할은 이미 사용한 물의 자기사이펀작용에 의해 상수계통(급수관)으로 역류하는 것을 방지하기 위한 기구이다.
③ 플러시밸브에는 핸들식, 전자식, 절수형 등이 있다.
④ 소음이 크고, 단시간에 다량의 물을 필요로 하는 문제점 등으로 인해 일반 가정용으로는 거의 사용하지 않는다.
⑤ 급수관의 관경은 25mm 이상 필요하다.

톺아보기

★ 버큠브레이커(vacuum breaker)의 역할은 이미 사용한 물의 역사이펀작용(분출, 토출)에 의해 상수계통(급수관)으로 역류하는 것을 방지하기 위한 기구이다.

03 위생기구설비에 관한 내용으로 옳지 않은 것은?   제22회

① 위생기구는 청소가 용이하도록 흡수성, 흡습성이 없어야 한다.
② 위생도기는 외부로부터 충격이 가해질 경우 파손 가능성이 있다.
③ 유닛화는 현장 공정이 줄어들면서 공기단축이 가능하다.
④ 블로아웃식 대변기는 사이펀볼텍스식 대변기에 비해 세정음이 작아 주택이나 호텔 등에 적합하다.
⑤ 대변기에서 세정밸브방식은 연속사용이 가능하기 때문에 사무소, 학교 등에 적합하다.

톺아보기

블로아웃식 대변기는 사이펀볼텍스식 대변기에 비해 세정소음이 커 주택이나 호텔 등에 부적합하다. 주로 공공장소나 사무실 빌딩에 적합한 방식이다.

04 수도법령상 절수설비와 절수기기의 종류 및 기준에 관한 내용으로 옳은 것은? (단, 공급수압은 98kPa이다) 제27회

① 소변기는 물을 사용하지 않는 것이거나, 사용수량이 2ℓ 이하인 것
② 공중용 화장실에 설치하는 수도꼭지는 최대토수유량이 1분당 6ℓ 이하인 것
③ 대변기는 사용수량이 9ℓ 이하인 것
④ 샤워용 수도꼭지는 해당 수도꼭지에 샤워호스(hose)를 부착한 상태로 측정한 최대토수유량이 1분당 9ℓ 이하인 것
⑤ 대·소변 구분형 대변기는 평균 사용수량이 9ℓ 이하인 것

톺아보기

오답해설

★ ② 공중용 화장실에 설치하는 수도꼭지는 최대토수유량이 1분당 <u>5ℓ</u> 이하인 것
★ ③ 대변기는 사용수량이 <u>6ℓ</u> 이하인 것
★ ④ 샤워용 수도꼭지는 해당 수도꼭지에 샤워호스(hose)를 부착한 상태로 측정한 최대토수유량이 1분당 <u>7.5ℓ</u> 이하인 것
⑤ 대·소변 구분형 대변기는 평균 사용수량이 <u>6ℓ</u> 이하인 것

정답 | 02 ② 03 ④ 04 ①

05  수도법령상 절수설비와 절수기기의 종류 및 기준에 관한 일부 내용이다. (   )에 들어갈 내용으로 옳은 것은?   제26회

> 가. 수도꼭지
>   1) 공급수압 98kPa에서 최대토수유량이 1분당 (㉠)ℓ 이하인 것. 다만, 공중용 화장실에 설치하는 수도꼭지는 1분당 (㉡)ℓ 이하인 것이어야 한다.
>   2) 샤워용은 공급수압 98kPa에서 해당 수도꼭지에 샤워호스(hose)를 부착한 상태로 측정한 최대토수유량이 1분당 (㉢)ℓ 이하인 것

① ㉠: 5, ㉡: 5, ㉢: 8.5   ② ㉠: 6, ㉡: 5, ㉢: 7.5
③ ㉠: 6, ㉡: 6, ㉢: 7.5   ④ ㉠: 6, ㉡: 6, ㉢: 8.5
⑤ ㉠: 7, ㉡: 7, ㉢: 9.5

톺아보기

1) 공급수압 98kPa에서 최대토수유량이 1분당 ㉠ <u>6ℓ</u> 이하인 것. 다만, 공중용 화장실에 설치하는 수도꼭지는 1분당 ㉡ <u>5ℓ</u> 이하인 것이어야 한다.
2) 샤워용은 공급수압 98kPa에서 해당 수도꼭지에 샤워호스(hose)를 부착한 상태로 측정한 최대토수유량이 1분당 ㉢ <u>7.5ℓ</u> 이하인 것

06 배관 내 유체의 역류를 방지하기 위하여 설치하는 배관부속은?   제26회

① 체크밸브   ② 게이트밸브
③ 스트레이너   ④ 글로브밸브
⑤ 감압밸브

톺아보기

★ <u>체크밸브</u>는 역지밸브라고도 하며, 유체 흐름을 거꾸로 흐르는 것을 방지하는 목적으로 사용되는 밸브이다.

07 배관의 부속품에 관한 설명으로 옳지 않은 것은? 제25회

① 볼밸브는 핸들을 90° 돌림으로써 밸브가 완전히 열리는 구조로 되어 있다.
② 스트레이너는 배관 중에 먼지 또는 토사, 쇠부스러기 등을 걸러내기 위해 사용한다.
③ 버터플라이밸브는 밸브 내부에 있는 원판을 회전시킴으로써 유체의 흐름을 조절한다.
④ 체크밸브에는 수평·수직배관에 모두 사용할 수 있는 스윙형과 수평배관에만 사용하는 리프트형이 있다.
⑤ 게이트밸브는 주로 유량 조절에 사용하며, 글로브밸브에 비해 유체에 대한 저항이 큰 단점을 갖고 있다.

톺아보기

★ 글로브밸브는 주로 유량 조절에 사용하며, 게이트밸브에 비해 유체에 대한 저항이 큰 단점을 갖고 있다.

정답 | 05 ② 06 ① 07 ⑤

08 다음에서 설명하고 있는 배관의 이음방식은?

제25회

> 배관과 밸브 등을 접속할 때 사용하며, 교체 및 해체가 자주 발생하는 곳에 볼트와 너트 등을 이용하여 접합시키는 방식

① 플랜지이음 ② 용접이음
③ 소벤트이음 ④ 플러그이음
⑤ 크로스이음

톺아보기
플랜지이음이 2개의 플랜지를 볼트와 너트를 사용하여 이음하는 방식이다.

더 알아보기

플랜지

플랜지이음

정답 | 08 ①

제6장 / 오수·정화설비

기본서 p.352~361

01 상중하

하수설비에 관한 내용으로 옳지 않은 것은?

제28회

① SS는 오수 중의 용존산소량을 나타낸다.
② 합류식 하수관로는 오수와 하수도로 유입되는 빗물·지하수가 함께 흐르도록 하기 위한 하수관로를 말한다.
③ 부패탱크방식 정화조의 산화조는 호기성균을 이용한다.
④ BOD는 오수 중의 유기물이 미생물에 의해 분해될 때 소비되는 산소량을 나타낸다.
⑤ 오수처리시설에 사용되는 스크린은 오수의 여과과정에서 고형물 또는 이형물을 제거하기 위함이다.

톺아보기

★ SS는 부유물질을, DO는 용존산소량을 나타낸다.

02 상중하

부패탱크 방식의 정화조에서 오수의 처리순서로 옳은 것은?

제27회

㉠ 산화조	㉡ 소독조	㉢ 부패조

① ㉠ ⇨ ㉡ ⇨ ㉢
② ㉠ ⇨ ㉢ ⇨ ㉡
③ ㉡ ⇨ ㉢ ⇨ ㉠
④ ㉢ ⇨ ㉠ ⇨ ㉡
⑤ ㉢ ⇨ ㉡ ⇨ ㉠

톺아보기

부패탱크 여과방식의 정화순서는 부패조 ⇨ 여과조 ⇨ 산화조 ⇨ 소독조 순이다.

정답 | 01 ① 02 ④

03 오수처리설비에 관한 설명으로 옳지 않은 것은? 제26회

① DO는 용존산소량으로 DO값이 작을수록 오수의 정화능력이 우수하다.
② COD는 화학적 산소요구량, SS는 부유물질을 말한다.
③ BOD 제거율이 높을수록 정화조의 성능이 우수하다.
④ 오수처리에 활용되는 미생물에는 호기성 미생물과 혐기성 미생물 등이 있다.
⑤ 분뇨란 수거식 화장실에서 수거되는 액체성 또는 고체성의 오염물질을 말한다.

톺아보기

★ DO는 용존산소량으로 DO값이 클수록 오수의 정화능력이 우수하다.

04 다음은 하수도법령상의 내용이다. (   )에 들어갈 용어로 옳은 것은? 제24회

- (㉠)란 건물·시설 등의 설치자 또는 소유자가 해당 건물·시설 등에서 발생하는 하수를 유출 또는 처리하기 위하여 설치하는 배수설비·개인하수처리시설과 그 부대시설을 말한다.
- (㉡)란 오수와 하수도로 유입되는 빗물·지하수가 함께 흐르도록 하기 위한 하수관로를 말한다.
- (㉢)란 오수와 하수도로 유입되는 빗물·지하수가 각각 구분되어 흐르도록 하기 위한 하수관로를 말한다.

① ㉠: 하수관로, ㉡: 공공하수도, ㉢: 개인하수도
② ㉠: 개인하수도, ㉡: 공공하수도, ㉢: 합류식 하수관로
③ ㉠: 공공하수도, ㉡: 개인하수도, ㉢: 합류식 하수관로
④ ㉠: 공공하수도, ㉡: 분류식 하수관로, ㉢: 개인하수도
⑤ ㉠: 개인하수도, ㉡: 합류식 하수관로, ㉢: 분류식 하수관로

톺아보기

㉠ 개인하수도란 건물·시설 등의 설치자 또는 소유자가 해당 건물·시설 등에서 발생하는 하수를 유출 또는 처리하기 위하여 설치하는 배수설비·개인하수처리시설과 그 부대시설을 말한다.
★ ㉡ 합류식 하수관로란 오수와 하수도로 유입되는 빗물·지하수가 함께 흐르도록 하기 위한 하수관로를 말한다.
㉢ 분류식 하수관로란 오수와 하수도로 유입되는 빗물·지하수가 각각 구분되어 흐르도록 하기 위한 하수관로를 말한다.

05 하수도법령상 개인하수처리시설의 관리기준에 관한 내용의 일부분이다. ( )에 들어갈 내용으로 옳은 것은? 제23회

> 제33조 【개인하수처리시설의 관리기준】 ① … 생략 …
> 1. 다음 각 목의 구분에 따른 기간마다 그 시설로부터 배출되는 방류수의 수질을 자가측정하거나 「환경분야 시험·검사 등에 관한 법률」 제16조에 따른 측정대행업자가 측정하게 하고, 그 결과를 기록하여 3년 동안 보관할 것
>   가. 1일 처리용량이 200m³ 이상인 오수처리시설과 1일 처리 대상 인원이 2천 명 이상인 정화조: (㉠)회 이상
>   나. 1일 처리용량이 50m³ 이상 200m³ 미만인 오수처리시설과 1일 처리 대상 인원이 1천 명 이상 2천 명 미만인 정화조: (㉡)회 이상

① ㉠: 6개월마다 1, ㉡: 2년마다 1
② ㉠: 6개월마다 1, ㉡: 연 1
③ ㉠: 연 1, ㉡: 연 1
④ ㉠: 연 1, ㉡: 2년마다 1
⑤ ㉠: 연 1, ㉡: 3년마다 1

톺아보기

핵심조문

> 제33조 【개인하수처리시설의 관리기준】 ① … 생략 …
> 1. 다음 각 목의 구분에 따른 기간마다 그 시설로부터 배출되는 방류수의 수질을 자가측정하거나 「환경분야 시험·검사 등에 관한 법률」 제16조에 따른 측정대행업자가 측정하게 하고, 그 결과를 기록하여 3년 동안 보관할 것
>   가. 1일 처리용량이 200m³ 이상인 오수처리시설과 1일 처리 대상 인원이 2천 명 이상인 정화조: ㉠ <u>6개월마다 1회</u> 이상
>   나. 1일 처리용량이 50m³ 이상 200m³ 미만인 오수처리시설과 1일 처리 대상 인원이 1천 명 이상 2천 명 미만인 정화조: ㉡ <u>연 1회</u> 이상

정답 | 03 ① 04 ⑤ 05 ②

06 하수도법령상 용어의 내용으로 옳지 않은 것은? 제23회

① '하수'라 함은 사람의 생활이나 경제활동으로 인하여 액체성 또는 고체성의 물질이 섞이어 오염된 물(이하 '오수'라 한다)을 말하며, 건물·도로 그 밖의 시설물의 부지로부터 하수도로 유입되는 빗물·지하수는 제외한다.
② '하수도'라 함은 하수와 분뇨를 유출 또는 처리하기 위하여 설치되는 하수관로·공공하수처리시설 등 공작물·시설의 총체를 말한다.
③ '분류식 하수관로'라 함은 오수와 하수도로 유입되는 빗물·지하수가 각각 구분되어 흐르도록 하기 위한 하수관로를 말한다.
④ '공공하수도'라 함은 지방자치단체가 설치 또는 관리하는 하수도를 말한다. 다만, 개인하수도는 제외한다.
⑤ '배수설비'라 함은 건물·시설 등에서 발생하는 하수를 공공하수도에 유입시키기 위하여 설치하는 배수관과 그 밖의 배수시설을 말한다.

톺아보기

'하수'라 함은 사람의 생활이나 경제활동으로 인하여 액체성 또는 고체성의 물질이 섞이어 오염된 물(이하 '오수'라 한다)을 말하며, 건물·도로 그 밖의 시설물의 부지로부터 하수도로 유입되는 빗물·지하수를 말한다.

정답 | 06 ①

제7장 / 가스설비

기본서 p.364~374

01 도시가스사업법령상 가스사용시설의 시설·기술·검사기준에 관한 내용으로 옳지 않은 것은?
제28회

① 정압기는 도시가스를 안전하고 원활하게 수송할 수 있도록 하기 위하여 적절한 기밀성능을 가지도록 해야 한다.
② 정압기와 필터의 경우에는 설치 후 3년까지는 1회 이상, 그 이후에는 4년에 1회 이상 분해점검을 실시해야 한다.
③ 도시가스 중 수분의 동결로 정압기능을 저해할 우려가 있는 정압기에는 동결방지 조치를 해야 한다.
④ 정압기의 입구와 출구에는 가스차단장치를 설치해야 한다.
⑤ 도시가스의 안정공급을 위하여 정압기의 입구에는 도시가스의 압력을 측정·기록할 수 있는 장치를 설치해야 한다.

톺아보기

도시가스의 안정공급을 위하여 정압기의 출구에는 도시가스의 압력을 측정·기록할 수 있는 장치를 설치해야 한다.

정답 | 01 ⑤

02 도시가스사업법령상 도시가스설비에 관한 내용으로 옳은 것은? 제27회

① 가스계량기와 전기개폐기 및 전기점멸기와의 거리는 30cm 이상의 거리를 유지하여야 한다.
② 지하매설배관은 최고사용압력이 저압인 배관은 황색으로, 중압 이상인 배관은 붉은색으로 도색하여야 한다.
③ 가스계량기와 화기(그 시설 안에서 사용하는 자체화기는 제외한다) 사이에 유지하여야 하는 거리는 1.5m 이상으로 하여야 한다.
④ 가스계량기와 절연조치를 하지 아니한 전선과의 거리는 10cm 이상의 거리를 유지하여야 한다.
⑤ 가스배관은 움직이지 않도록 고정부착하는 조치를 하되, 그 호칭지름이 13mm 미만의 것에는 2m마다 고정장치를 설치하여야 한다.

톺아보기

오답해설
★ ① 가스계량기와 전기개폐기는 60cm 이상, 전기점멸기와의 거리는 30cm 이상의 거리를 유지하여야 한다.
★ ③ 가스계량기와 화기(그 시설 안에서 사용하는 자체화기는 제외한다) 사이에 유지하여야 하는 거리는 2m 이상으로 하여야 한다.
★ ④ 가스계량기와 절연조치를 하지 아니한 전선과의 거리는 15cm 이상의 거리를 유지하여야 한다.
★ ⑤ 가스배관은 움직이지 않도록 고정부착하는 조치를 하되, 그 호칭지름이 13mm 미만의 것에는 1m마다 고정장치를 설치하여야 한다.

03 도시가스설비에 관한 내용으로 옳은 것은? 제25회

① 가스계량기는 절연조치를 하지 않은 전선과는 10cm 이상 거리를 유지한다.
② 가스사용시설에 설치된 압력조정기는 매 2년에 1회 이상 압력조정기의 유지·관리에 적합한 방법으로 안전점검을 실시한다.
③ 가스배관은 움직이지 않도록 고정부착하는 조치를 하되, 그 호칭지름이 13mm 미만의 것에는 2m마다 고정장치를 설치한다.
④ 가스계량기와 화기(그 시설 안에서 사용하는 자체화기는 제외) 사이에 유지하여야 하는 거리는 2m 이상이다.
⑤ 가스계량기와 전기계량기 및 전기개폐기와의 거리는 30cm 이상 유지한다.

톺아보기

오답해설
① 가스계량기는 절연조치를 하지 않은 전선과는 <u>15cm</u> 이상 거리를 유지한다.
★ ② 가스사용시설에 설치된 압력조정기는 <u>매 1년에 1회</u> 이상 압력조정기의 유지·관리에 적합한 방법으로 안전점검을 실시한다.
③ 가스배관은 움직이지 않도록 고정부착하는 조치를 하되, 그 호칭지름이 13mm 미만의 것에는 <u>1m마다</u> 고정장치를 설치한다.
⑤ 가스계량기와 전기계량기 및 전기개폐기와의 거리는 <u>60cm</u> 이상 유지한다.

---

04 상중하

다음은 도시가스설비에서 가스계량기 설치에 관한 내용이다. ( )에 들어갈 숫자로 옳은 것은?   제24회

> 가스계량기와 전기계량기 및 전기개폐기와의 거리는 (㉠)cm 이상, 절연조치를 아니한 전선과의 거리는 (㉡)cm 이상의 거리를 유지할 것

① ㉠: 15, ㉡: 30
② ㉠: 30, ㉡: 15
③ ㉠: 30, ㉡: 60
④ ㉠: 60, ㉡: 15
⑤ ㉠: 60, ㉡: 30

톺아보기

가스계량기와 이격거리

절연조치를 하지 아니한 전선	15cm 이상
굴뚝, 전기점멸기 및 전기접속기	30cm 이상
전기계량기 및 전기개폐기	60cm 이상
화기	2.0m 이상

정답 | 02 ② 03 ④ 04 ④

05 LPG와 LNG에 관한 설명으로 옳지 않은 것은? 제23회

① 일반적으로 LNG의 발열량은 LPG의 발열량보다 크다.
② LNG의 주성분은 메탄이다.
③ LNG는 무공해, 무독성 가스이다.
④ LNG는 천연가스를 -162°C까지 냉각하여 액화시킨 것이다.
⑤ LNG는 냉난방, 급탕, 취사 등 가정용으로도 사용된다.

톺아보기

★ 일반적으로 LNG의 발열량은 LPG의 발열량보다 <u>작다</u>.

06 도시가스설비에 관한 내용으로 옳지 않은 것은? 제22회

① 가스의 공급압력은 고압, 중압, 저압으로 구분되어 있다.
② 건물에 공급하는 가스의 압력을 조정하고자 할 때는 정압기를 이용한다.
③ 가스계량기와 화기(그 시설 안에서 사용하는 자체화기는 제외)는 2m 이상 거리를 유지해야 한다.
④ 압력조정기의 안전점검은 1년에 1회 이상 실시한다.
⑤ 가스계량기와 전기개폐기와의 거리는 30cm 이상으로 유지해야 한다.

톺아보기

가스계량기와 전기개폐기와의 거리는 <u>60cm 이상</u>으로 유지해야 한다.

정답 | 05 ① 06 ⑤

제8장 / 소방설비

기본서 p.378~418

01 공동주택의 화재안전성능기준상 스프링클러설비 설치기준의 일부이다. (   )에 들어갈 내용으로 옳은 것은?

제28회

> 제7조 【스프링클러설비】 스플링클러설비는 다음 각 호의 기준에 따라 설치해야 한다.
> 1. 폐쇄형 스프링클러헤드를 사용하는 아파트 등은 기준개수 (㉠)개(스프링클러헤드의 설치개수가 가장 많은 세대에 설치된 스프링클러헤드의 개수가 기준개수보다 작은 경우에는 그 설치개수를 말한다)에 (㉡)m³를 곱한 양 이상의 수원이 확보되도록 할 것. 다만, 아파트 등의 각 동이 주차장으로 연결된 구조인 경우 해당 주차장 부분의 기준개수는 (㉢)개로 할 것

① ㉠: 5, ㉡: 1.3, ㉢: 40
② ㉠: 7, ㉡: 1.6, ㉢: 40
③ ㉠: 9, ㉡: 1.3, ㉢: 30
④ ㉠: 10, ㉡: 1.6, ㉢: 30
⑤ ㉠: 15, ㉡: 1.0, ㉢: 40

톺아보기

폐쇄형 스프링클러헤드를 사용하는 아파트 등은 기준개수 ㉠ <u>10개</u>(스프링클러헤드의 설치개수가 가장 많은 세대에 설치된 스프링클러헤드의 개수가 기준개수보다 작은 경우에는 그 설치개수를 말한다)에 ㉡ <u>1.6m³</u>를 곱한 양 이상의 수원이 확보되도록 할 것. 다만, 아파트 등의 각 동이 주차장으로 연결된 구조인 경우 해당 주차장 부분의 기준개수는 ㉢ <u>30개</u>로 할 것

정답 | 01 ④

02 공동주택의 화재안전성능기준에 관한 내용으로 옳지 않은 것은? 제27회

① 소화기는 바닥면적 100m²마다 1단위 이상의 능력단위를 기준으로 설치해야 한다.
② 주거용 주방자동소화장치는 아파트 등의 주방에 열원(가스 또는 전기)의 종류에 적합한 것으로 설치하고, 열원을 차단할 수 있는 차단장치를 설치해야 한다.
③ 아파트 등의 경우 실내에 설치하는 비상방송설비의 확성기 음성입력은 2와트(W) 이상이어야 한다.
④ 세대 내 거실(취침용도로 사용될 수 있는 통상적인 방 및 거실을 말한다)에는 연기감지기를 설치해야 한다.
⑤ 아파트 등의 세대 내 스프링클러헤드를 설치하는 경우 천장·반자·천장과 반자 사이·덕트·선반 등의 각 부분으로부터 하나의 스프링클러헤드까지의 수평거리는 3.2m 이하로 해야 한다.

톺아보기

★ 아파트 등의 세대 내 스프링클러헤드를 설치하는 경우 천장·반자·천장과 반자 사이·덕트·선반 등의 각 부분으로부터 하나의 스프링클러헤드까지의 수평거리는 <u>2.6m 이하</u>로 해야 한다.

03 옥내소화전설비의 화재안전성능기준상 배관에 관한 내용이다. (　)에 들어갈 내용으로 옳은 것은? 제27회

> 옥내소화전설비의 배관을 연결송수관설비와 겸용하는 경우 주배관은 구경 (㉠)mm 이상, 방수구로 연결되는 배관의 구경은 (㉡)mm 이상의 것으로 해야 한다.

① ㉠: 60, ㉡: 40
② ㉠: 65, ㉡: 40
③ ㉠: 65, ㉡: 45
④ ㉠: 100, ㉡: 45
⑤ ㉠: 100, ㉡: 65

톺아보기

옥내소화전설비의 배관을 연결송수관설비와 겸용하는 경우 주배관은 구경 ㉠ <u>100mm</u> 이상, 방수구로 연결되는 배관의 구경은 ㉡ <u>65mm</u> 이상의 것으로 해야 한다.

04 소방시설 설치 및 관리에 관한 법령상 화재를 진압하거나 인명구조 활동을 위하여 사용하는 소화활동설비에 해당하는 것은? 제26회

① 이산화탄소 소화설비
② 비상 방송설비
③ 상수도 소화용수설비
④ 자동식 사이렌설비
⑤ 무선통신보조설비

톺아보기
무선통신보조설비는 소화활동설비이다.

05 스프링클러설비에 관한 내용으로 옳지 않은 것은? 제26회

① 충압펌프란 배관 내 압력손실에 따른 주펌프의 빈번한 기동을 방지하기 위하여 충압 역할을 하는 펌프를 말한다.
② 건식스프링클러헤드란 물과 오리피스가 분리되어 동파를 방지할 수 있는 스프링클러헤드를 말한다.
③ 유수검지장치란 유수현상을 자동적으로 검지하여 신호 또는 경보를 발하는 장치를 말한다.
④ 가지배관이란 헤드가 설치되어 있는 배관을 말한다.
⑤ 체절운전이란 펌프의 성능시험을 목적으로 펌프 토출측의 개폐밸브를 개방한 상태에서 펌프를 운전하는 것을 말한다.

톺아보기
★ 체절운전이란 펌프의 성능시험을 목적으로 펌프 토출측의 개폐밸브를 폐쇄한 상태에서 펌프를 운전하는 것을 말한다.

정답 | 02 ⑤ 03 ⑤ 04 ⑤ 05 ⑤

06 다음은 화재예방, 소방시설 설치·유지 및 안전관리에 관한 법령상 소방시설 등의 자체점검시 점검인력 배치기준에 관한 내용의 일부이다. ( )에 들어갈 내용으로 옳은 것은?

제25회

> 제2호부터 제4호까지의 규정에도 불구하고 아파트(공용시설, 부대시설 또는 복리시설은 포함하고, 아파트가 포함된 복합건축물의 아파트 외의 부분은 제외한다. 이하 이 표에서 같다)를 점검할 때에는 다음 각 목의 기준에 따른다.
> 가. 점검인력 1단위가 하루 동안 점검할 수 있는 아파트의 세대수(이하 '점검한도 세대수'라 한다)는 다음과 같다.
>   1) 종합정밀점검: (㉠)세대
>   2) 작동기능점검: (㉡)세대[소규모점검의 경우에는 (㉢)세대]

① ㉠: 250, ㉡: 300, ㉢: 100
② ㉠: 250, ㉡: 350, ㉢: 90
③ ㉠: 250, ㉡: 350, ㉢: 100
④ ㉠: 300, ㉡: 250, ㉢: 90
⑤ ㉠: 300, ㉡: 350, ㉢: 90

톺아보기

점검인력 1단위가 하루 동안 점검할 수 있는 아파트의 세대수는 종합정밀점검은 ㉠ 300세대, 작동기능점검은 ㉡ 350세대(소규모점검의 경우에는 ㉢ 90세대)이다.

07 다음은 옥내소화전설비의 화재안전기준에 관한 내용이다. ( )에 들어갈 내용으로 옳은 것은?

제25회

> • 특정소방대상물의 어느 층에서도 해당 층의 옥내소화전(두 개 이상 설치된 경우에는 두 개의 옥내소화전)을 동시에 사용할 경우 각 소화전의 노즐선단에서 (㉠)MPa 이상의 방수압력으로 분당 130ℓ 이상의 소화수를 방수할 수 있는 성능인 것으로 할 것
> • 옥내소화전 방수구의 호스는 구경 (㉡)mm(호스릴 옥내소화전설비의 경우에는 25mm) 이상인 것으로서 특정소방대상물의 각 부분에 물이 유효하게 뿌려질 수 있는 길이로 설치할 것

① ㉠: 0.12, ㉡: 35
② ㉠: 0.12, ㉡: 40
③ ㉠: 0.17, ㉡: 35
④ ㉠: 0.17, ㉡: 40
⑤ ㉠: 0.25, ㉡: 35

톺아보기

★ • 특정소방대상물의 어느 층에서도 해당 층의 옥내소화전(두 개 이상 설치된 경우에는 두 개의 옥내소화전)을 동시에 사용할 경우 각 소화전의 노즐선단에서 ㉠ 0.17MPa 이상의 방수압력으로 분당 130ℓ 이상의 소화수를 방수할 수 있는 성능인 것으로 할 것
★ • 옥내소화전 방수구의 호스는 구경 ㉡ 40mm(호스릴 옥내소화전설비의 경우에는 25mm) 이상인 것으로서 특정소방대상물의 각 부분에 물이 유효하게 뿌려질 수 있는 길이로 설치할 것

08 소방시설 중 피난구조설비에 해당하지 않는 것은? 제25회

① 완강기
② 제연설비
③ 피난사다리
④ 구조대
⑤ 피난구유도등

톺아보기

제연설비는 소화활동설비에 속한다.

정답 | 06 ⑤ 07 ④ 08 ②

09. 옥내소화전설비의 화재안전기준상 옥내소화전설비에 관한 내용으로 옳은 것을 모두 고른 것은?

제24회

㉠ 옥내소화전설비의 수원은 그 저수량이 옥내소화전의 설치개수가 가장 많은 층의 설치개수(2개 이상 설치된 경우에는 2개)에 2.6m³(호스릴 옥내소화전설비를 포함한다)를 곱한 양 이상이 되도록 하여야 한다.
㉡ 옥내소화전 송수구의 설치높이는 바닥으로부터의 높이 1.5m에 설치하여야 한다.
㉢ 고가수조란 소화용수와 공기를 채우고 일정 압력 이상으로 가압하여 그 압력으로 급수하는 수조를 말한다.
㉣ 옥내소화전함의 상부 또는 그 직근에 설치하는 가압송수장치의 기동을 표시하는 표시등은 적색등으로 한다.

① ㉡ ② ㉠, ㉢ ③ ㉠, ㉣
④ ㉡, ㉢, ㉣ ⑤ ㉠, ㉡, ㉢, ㉣

톺아보기

㉡ 옥내소화전 송수구의 설치높이는 지면으로부터 높이가 0.5m 이상 1m 이하에 설치하여야 한다.
㉢ 압력수조란 소화용수와 공기를 채우고 일정 압력 이상으로 가압하여 그 압력으로 급수하는 수조를 말한다.

10. 다음은 피난기구의 화재안전기준상 피난기구에 관한 내용이다. ( )에 들어갈 내용으로 옳은 것은?

제24회

• (㉠)란 사용자의 몸무게에 따라 자동적으로 내려올 수 있는 기구 중 사용자가 교대하여 연속적으로 사용할 수 있는 것을 말한다.
• (㉡)란 포대 등을 사용하여 자루형태로 만든 것으로서, 화재시 사용자가 그 내부에 들어가서 내려옴으로써 대피할 수 있는 것을 말한다.
• (㉢)란 화재시 2인 이상의 피난자가 동시에 해당 층에서 지상 또는 피난층으로 하강하는 피난기구를 말한다.

① ㉠: 간이완강기, ㉡: 수조대, ㉢: 하향식 피난구용 내림식 사다리
② ㉠: 간이완강기, ㉡: 공기안전매트, ㉢: 다수인 피난장비
③ ㉠: 완강기, ㉡: 구조대, ㉢: 다수인 피난장비
④ ㉠: 완강기, ㉡: 간이완강기, ㉢: 하향식 피난구용 내림식 사다리
⑤ ㉠: 승강식 피난기, ㉡: 간이완강기, ㉢: 다수인 피난장비

톺아보기

- ★ ㉠ <u>완강기</u>란 사용자의 몸무게에 따라 자동적으로 내려올 수 있는 기구 중 사용자가 교대하여 연속적으로 사용할 수 있는 것을 말한다.
- ★ ㉡ <u>구조대</u>란 포대 등을 사용하여 자루형태로 만든 것으로서, 화재시 사용자가 그 내부에 들어가서 내려옴으로써 대피할 수 있는 것을 말한다.
- ★ ㉢ <u>다수인 피난장비</u>란 화재시 2인 이상의 피난자가 동시에 해당 층에서 지상 또는 피난층으로 하강하는 피난기구를 말한다.

11 소화기구 및 자동소화장치의 화재안전기준상 용어의 정의로 옳지 않은 것은?

제23회

① '대형소화기'란 화재시 사람이 운반할 수 있도록 운반대와 바퀴가 설치되어 있고 능력단위가 A급 10단위 이상, B급 20단위 이상인 소화기를 말한다.
② '소형소화기'란 능력단위가 1단위 이상이고 대형소화기의 능력단위 미만인 소화기를 말한다.
③ '주거용 주방자동소화장치'란 주거용 주방에 설치된 열발생 조리기구의 사용으로 인한 화재 발생시 열원(전기 또는 가스)을 자동으로 차단하며 소화약제를 방출하는 소화장치를 말한다.
④ '유류화재(B급 화재)'란 인화성 액체, 가연성 액체, 석유 그리스, 타르, 오일, 유성도료, 솔벤트, 래커, 알코올 및 인화성 가스와 같은 유류가 타고 나서 재가 남지 않는 화재를 말한다.
⑤ '주방화재(C급 화재)'란 주방에서 동식물유를 취급하는 조리기구에서 일어나는 화재를 말한다. 주방화재에 대한 소화기의 적응 화재별 표시는 'C'로 표시한다.

톺아보기

'주방화재(<u>K급 화재</u>)'란 주방에서 동식물유를 취급하는 조리기구에서 일어나는 화재를 말한다. 주방화재에 대한 소화기의 적응 화재별 표시는 '<u>K</u>'로 표시한다.

정답 | 09 ③ 10 ③ 11 ⑤

12 유도등 및 유도표지의 화재안전기준상 통로유도등 설치기준의 일부분이다. (   ) 에 들어갈 내용으로 옳은 것은?

제23회

> 제6조【통로유도등 설치기준】① 통로유도등은 특정소방대상물의 각 거실과 그로부터 지상에 이르는 복도 또는 계단의 통로에 다음 각 호의 기준에 따라 설치하여야 한다.
> 1. 복도통로유도등은 다음 각 목의 기준에 따라 설치할 것
>   가. 복도에 설치할 것
>   나. 구부러진 모퉁이 및 (㉠)마다 설치할 것
>   다. 바닥으로부터 높이(㉡)의 위치에 설치할 것. 다만, 지하층 또는 무창층의 용도가 도매시장ㆍ소매시장ㆍ여객자동차터미널ㆍ지하역사 또는 지하상가인 경우에는 복도ㆍ통로 중앙부분의 바닥에 설치하여야 한다.

① ㉠: 직선거리 10m, ㉡: 1.5m 이상
② ㉠: 보행거리 20m, ㉡: 1m 이하
③ ㉠: 보행거리 25m, ㉡: 1.5m 이상
④ ㉠: 직선거리 30m, ㉡: 1m 이상
⑤ ㉠: 보행거리 30m, ㉡: 2m 이하

톺아보기

핵심조문

> 제6조【통로유도등 설치기준】① 통로유도등은 특정소방대상물의 각 거실과 그로부터 지상에 이르는 복도 또는 계단의 통로에 다음 각 호의 기준에 따라 설치하여야 한다.
> 1. 복도통로유도등은 다음 각 목의 기준에 따라 설치할 것
>   가. 복도에 설치할 것
>   나. 구부러진 모퉁이 및 ㉠ <u>보행거리 20m</u>마다 설치할 것
>   다. 바닥으로부터 높이 ㉡ <u>1m 이하</u>의 위치에 설치할 것. 다만, 지하층 또는 무창층의 용도가 도매시장ㆍ소매시장ㆍ여객자동차터미널ㆍ지하역사 또는 지하상가인 경우에는 복도ㆍ통로 중앙부분의 바닥에 설치하여야 한다.

13 유도등 및 유도표지의 화재안전기준상 유도등의 전원에 관한 기준이다. ( )에 들어갈 내용이 순서대로 옳은 것은?   제22회

> 비상전원은 다음 각 호의 기준에 적합하게 설치하여야 한다.
> 1. 축전지로 할 것
> 2. 유도등을 (㉠)분 이상 유효하게 작동시킬 수 있는 용량으로 할 것. 다만, 다음 각 목의 특정소방대상물의 경우에는 그 부분에서 피난층에 이르는 부분의 유도등을 (㉡)분 이상 유효하게 작동시킬 수 있는 용량으로 하여야 한다.
>   가. 지하층을 제외한 층수가 11층 이상의 층
>   나. 지하층 또는 무창층으로서 용도가 도매시장·소매시장·여객자동차터미널·지하역사 또는 지하상가

① ㉠: 10, ㉡: 20
② ㉠: 15, ㉡: 30
③ ㉠: 15, ㉡: 60
④ ㉠: 20, ㉡: 30
⑤ ㉠: 20, ㉡: 60

톺아보기

소방시설의 기본 시간은 모두 20분이다.

더 알아보기

비상전원 설치기준
1. 축전지로 할 것
2. 유도등을 ㉠ 20분 이상 유효하게 작동시킬 수 있는 용량으로 할 것. 다만, 다음 각 목의 특정소방대상물의 경우에는 그 부분에서 피난층에 이르는 부분의 유도등을 ㉡ 60분 이상 유효하게 작동시킬 수 있는 용량으로 하여야 한다.
   가. 지하층을 제외한 층수가 11층 이상의 층
   나. 지하층 또는 무창층으로서 용도가 도매시장·소매시장·여객자동차터미널·지하역사 또는 지하상가

정답 | 12 ② 13 ⑤

14 화재예방, 소방시설 설치·유지 및 안전관리에 관한 법령에서 정하고 있는 소방시설에 관한 내용으로 옳지 않은 것은?

제22회

① 비상콘센트설비, 연소방지설비는 소화활동설비이다.
② 연결송수관설비, 상수도소화용수설비는 소화용수설비이다.
③ 옥내소화전설비, 옥외소화전설비는 소화설비이다.
④ 시각경보기, 자동화재속보설비는 경보설비이다.
⑤ 인명구조기구, 비상조명등은 피난구조설비이다.

톺아보기

연결송수관설비는 소화활동설비이다.

더 알아보기

소화설비	• 소화기구 • 옥내소화전설비 • 물분무소화설비 · 포소화설비 • 할론소화설비 • 스프링클러설비 및 간이스프링클러설비	• 자동소화장치 • 옥외소화전설비 • 이산화탄소소화설비 • 분말소화설비
소화활동설비	• 제연설비 • 연결살수설비 • 무선통신보조설비	• 연결송수관설비 • 비상콘센트설비 • 연소방지설비

정답 | 14 ②

제9장 / 전기·조명·승강기·환기설비

01 다음은 전기설비기술기준에서 규정된 전압 중 고압에 관한 내용이다. ( )에 들어갈 내용으로 옳은 것은? 제28회

> 고압: 직류는 (㉠)kV를, 교류는 (㉡)kV를 초과하고, (㉢)kV 이하인 것

① ㉠: 1, ㉡: 1.5, ㉢: 5
② ㉠: 1, ㉡: 1.5, ㉢: 7
③ ㉠: 1.5, ㉡: 1, ㉢: 7
④ ㉠: 1.5, ㉡: 1.5, ㉢: 10
⑤ ㉠: 1.5, ㉡: 1.5, ㉢: 15

톺아보기

★ 고압은 직류는 ㉠ 1.5kV를, 교류는 ㉡ 1.0kV를 초과하고, ㉢ 7.0kV 이하인 것을 말한다.

정답 | 01 ③

02 건축물의 에너지절약설계기준상 전기설비에 관한 내용으로 옳지 않은 것은? 제28회

① '최대수요전력'이라 함은 수용가에서 일정 기간 중 사용한 전력의 최대치를 말한다.
② '가변속제어기(인버터)'라 함은 정지형 전력변환기로서 전동기의 가변속운전을 위하여 설치하는 설비를 말한다.
③ '변압기 대수제어'라 함은 변압기를 여러 대 설치하여 부하상태에 따라 필요한 운전대수를 자동 또는 수동으로 제어하는 방식을 말한다.
④ '부하율'이라 함은 부하설비용량 합계에 대한 수용전력의 백분율을 말한다.
⑤ '일괄소등스위치'라 함은 층 또는 구역단위(세대단위)로 설치되어 조명등(센서등 및 비상등 제외 가능)을 일괄적으로 끌 수 있는 스위치를 말한다.

톺아보기

★ 부하설비용량 합계에 대한 최대수용전력의 백분율을 '수용률'이라 한다.

더 알아보기

1. 수용률 = $\dfrac{\text{최대수용전력(kW)}}{\text{부하설비용량의 합(kW)}} \times 100(\%)$

2. 부하율 = $\dfrac{\text{평균수용전력(kW)}}{\text{최대수용전력(kW)}} \times 100(\%)$

03 옥내배선설비의 명칭과 도시기호의 연결로 옳은 것은? 제28회

① 전열기: ▭
② 전력량계: Ⓜ
③ 분전반: ◩
④ 축전지: Ⓔ
⑤ 배선용 차단기: Ⓑ

톺아보기

① 전열기(벽붙이용 콘센트)	◓	② 전력량계	Ⓦₕ
③ 분전반	◨	④ 축전지	┥┝
⑤ 배선용 차단기	Ⓑ	누전차단기	Ⓔ

04 수변전설비에 관한 내용으로 옳지 않은 것은? 제26회

① 공동주택 단위세대 전용면적이 60m² 이하인 경우, 단위세대 전기부하용량은 3.0kW로 한다.
② 부하율이 작을수록 전기설비가 효율적으로 사용되고 있음을 나타낸다.
③ '역률개선용 콘덴서'라 함은 역률을 개선하기 위하여 변압기 또는 전동기 등에 병렬로 설치하는 커패시터를 말한다.
④ '수용률'이라 함은 부하설비용량 합계에 대한 최대수용전력의 백분율을 말한다.
⑤ 부등률은 합성 최대수요전력을 구하는 계수로서 부하종별 최대수요전력이 생기는 시간차에 의한 값이다.

톺아보기

부하율이 작다는 것은 설비를 유용하게 사용하지 못하고 전력변동이 크다는 것을 의미한다.
반면, 부하율이 크다는 것은 설비를 유용하게 사용하고 가동률이 상승한다는 것을 의미한다.

05 전기배선 기호 중 지중매설 배선을 나타낸 것은? 제26회

① ──────────
② ··············
③ ----------------
④ ─·─·─·─·─
⑤ ─··─··─··─

톺아보기

[오답해설]
① 천장은폐 배선
② 노출 배선
③ 바닥은폐 배선
⑤ 바닥면 노출 배선

정답 | 02 ④ 03 ⑤ 04 ② 05 ④

06 옥내배선공사에 관한 내용으로 옳지 않은 것은? 제24회

① 금속관공사는 철근콘크리트구조의 매립공사에 사용된다.
② 합성수지관공사는 옥내의 점검할 수 없는 은폐장소에도 사용이 가능하다.
③ 버스덕트공사는 공장, 빌딩 등에서 비교적 큰 전류가 통하는 간선을 시설하는 경우에 사용한다.
④ 금속몰드공사는 매립공사용으로 적합하고, 기계실 등에서 전동기로 배선하는 경우에 사용한다.
⑤ 라이팅덕트공사는 화랑의 벽면조명과 같이 광원을 이동시킬 필요가 있는 경우에 사용된다.

톺아보기

★ 금속몰드공사는 매립공사용으로 부적합하고, 금속관공사의 증설용으로 배선하는 경우에 사용한다.

07 전기설비기술기준의 판단기준상 전기설비에 관한 내용으로 옳지 않은 것은? 제23회

① 저압 옥내간선은 손상을 받을 우려가 없는 곳에 시설한다.
② 주택용 분전반은 노출된 장소(신발장, 옷장 등의 은폐된 장소는 제외한다)에 시설한다.
③ 전력용 반도체소자의 스위칭 작용을 이용하여 교류전력을 직류전력으로 변환하는 장치를 '인버터'라고 한다.
④ '분산형 전원'이란 중앙급전 전원과 구분되는 것으로서 전력소비지역 부근에 분산하여 배치 가능한 전원(상용전원의 정전시에만 사용하는 비상용 예비전원을 제외한다)을 말하며, 신·재생에너지 발전설비, 전기저장장치 등을 포함한다.
⑤ '단순병렬운전'이란 자가용 발전설비를 배전계통에 연계하여 운전하되, 생산한 전력의 전부를 자체적으로 소비하기 위한 것으로서 생산한 전력이 연계계통으로 유입되지 않는 병렬 형태를 말한다.

톺아보기

교류전력을 직류전력으로 변환하는 장치를 '컨버터'(converter)라고 한다.

08 최근 공동주택에 전기자동차 충전시설의 설치가 확대되고 있다. 다음은 환경친화적 자동차의 개발 및 보급 촉진에 관한 법령의 일부분이다. (   )에 들어갈 내용으로 옳은 것은?

제23회 변형

> 제18조의5 【전용주차구역 및 충전시설의 설치 대상시설】 법 제11조의2 제1항 각 호 외의 부분에서 '대통령령으로 정하는 시설'이란 다음 각 호에 해당하는 시설로서 주차장법 제2조 제7호에 따른 주차단위구획을 100개 이상 갖춘 시설 중 전기자동차 보급현황·보급계획·운행현황 및 도로여건 등을 고려하여 특별시·광역시·특별자치시·도·특별자치도의 조례로 정하는 시설을 말한다.
> 1. 〈생략〉
> 2. 건축법 시행령 제3조의5 및 별표 1 제2호에 따른 공동주택 중 다음 각 목의 시설
>   가. (   )세대 이상의 아파트
>   나. 기숙사
> 3. 시·도지사, 특별자치도지사, 특별자치시장, 시장·군수 또는 구청장이 설치한 주차장법 제2조 제1호에 따른 주차장

① 100 ② 200
③ 300 ④ 400
⑤ 500

톺아보기

<u>100세대</u> 이상의 아파트

정답 | 06 ④ 07 ③ 08 ①

09 전기설비에 관한 설명으로 옳지 않은 것은? 제22회

① 변압기 1대의 용량산정은 건축물 내의 설치장소에 따라 건축의 장비 반입구, 반입통로, 바닥강도 등을 고려한다.
② 제1종 접지공사시 접지선으로 공칭단면적 $6mm^2$ 이상의 연동선을 사용한다.
③ 공동주택의 세대당 부하용량은 단위세대의 전용면적이 $85m^2$ 이하의 경우 3kW로 한다.
④ 전압구분상 직류의 고압기준은 750V 초과 7,000V 이하이다.
⑤ 전동기의 역률을 개선하기 위해 콘덴서를 설치한다.

톺아보기

공동주택에서 사용되는 전기설비의 용량은 각 세대별로 3kW(세대당 전용면적이 $60m^2$ 이상인 경우에는 3kW에 $60m^2$를 초과하는 $10m^2$마다 0.5kW를 더한 값) 이상이어야 한다.
따라서, $85m^2$ = (85 - 60) = $25m^2$, 3kW + 1kW = __4kW__

10 다음에서 설명하고 있는 배선공사는? 제22회

- 굴곡이 많은 장소에 적합하다.
- 기계실 등에서 전동기로 배선하는 경우나 건물의 확장부분 등에 배선하는 경우에 적용된다.

① 합성수지몰드공사　　② 플로어덕트공사
③ 가요전선관공사　　　④ 금속몰드공사
⑤ 버스덕트공사

톺아보기

가요전선(flexible, 플렉시블)관공사는 움직임이 많은 곳에 사용되는 공사로, 전동기나 굴곡이 많은 곳에 적합한 배선공사이다.

더 알아보기

금속제 플렉시블관

PVC 플렉시블관

11 조명에 관한 내용으로 옳은 것은?

제28회

① 상시인공보조조명(PSALI)은 전반조명과 국부조명을 조합하여 조명 효율성을 높인 방식이다.
② 광원이 발광하는 빛의 색을 온도로 나타낸 것이 색온도이며, 빨간색은 파란색에 비해 색온도가 높다.
③ 광원의 연색성이 낮을수록 태양광선에 더욱 가까운 분광분포를 갖는다.
④ 조명률은 광원의 총광속을 조명 작업면에 도달하는 광속으로 나눈 것이다.
⑤ 눈부심(glare)은 높은 휘도의 광원에 의해 시각적 불쾌감 등이 유발되는 현상이다.

톺아보기

오답해설

① 상시인공보조조명(PSALI)은 주간의 평상시에는 자연광(주광)을 사용하나 자연광(주광)이 부족한 경우 인공조명을 지속적으로 사용하여 적정조도를 유지하는 조명방식이다.
★ ② 광원이 발광하는 빛의 색을 온도로 나타낸 것이 색온도이며, 빨간색은 파란색에 비해 색온도가 낮다.
★ ③ 광원의 연색성이 높을수록 태양광선에 더욱 가까운 분광분포를 갖는다.
④ 조명률은 광원의 작업면 광속을 총(전체)광속으로 나눈 것이다.

$$조명률 = \frac{작업면\ 광속}{총(전체)광속}$$

더 알아보기

전반 · 국부병용조명(TAL; Task & Ambient Lighting)
전반조명과 국부조명을 조합하여 조명 효율성을 높인 방식이다.

정답 | 09 ③   10 ③   11 ⑤

12 조명설비에 관한 설명으로 옳은 것은? 제27회

① 광도는 광원에서 발산하는 빛의 양을 의미하며, 단위는 루멘(lm)을 사용한다.
② 어떤 물체의 색깔이 태양광 아래에서 보이는 색과 동일한 색으로 인식될 경우, 그 광원의 연색지수를 Ra50으로 한다.
③ 밝은 곳에서 어두운 곳으로 들어갈 때 동공이 확대되어 감광도가 높아지는 현상을 암순응이라고 한다.
④ 수은등은 메탈할라이드등보다 효율과 연색성이 좋다.
⑤ 코브조명은 천장을 비추어 현휘를 방지할 수 있는 직접조명방식이다.

톺아보기

오답해설
★ ① 광속은 광원에서 발산하는 빛의 양을 의미하며, 단위는 루멘(lm)을 사용한다.
② 어떤 물체의 색깔이 태양광 아래에서 보이는 색과 동일한 색으로 인식될 경우, 그 광원의 연색지수를 Ra100으로 한다.
④ 수은등은 메탈할라이드등보다 효율과 연색성이 나쁘다.
⑤ 코브조명은 천장을 비추어 현휘를 방지할 수 있는 간접조명방식이다.

13
바닥면적 100m², 천장고 2.7m인 공동주택 관리사무소의 평균조도를 480럭스(lx)로 설계하고자 한다. 이때 조명률을 0.5에서 0.6으로 개선할 경우 줄일 수 있는 조명기구의 개수는? [단, 조명기구의 개당 광속은 4,000루멘(lm), 보수율은 0.8로 한다] 제26회

① 3개　　② 5개　　③ 7개
④ 8개　　⑤ 10개

톺아보기

★ $E \cdot A \cdot D = F \cdot U \cdot N$이다. $N = \dfrac{E \cdot A \cdot D}{F \cdot U}$이다. $N = \dfrac{E \cdot A}{F \cdot U \cdot 보수율}$이 된다.

(1) 조명률 0.5일 때 조명갯수 $N = \dfrac{480 \times 100}{4,000 \times 0.5 \times 0.8} = 30$개

(2) 조명률 0.6일 때 조명갯수 $N = \dfrac{480 \times 100}{4,000 \times 0.6 \times 0.8} = 25$개

따라서, 30개 − 25개 = 5개이다.

14 바닥면적이 120m²인 공동주택 관리사무실에서 소요조도를 400럭스(lx)로 확보하기 위한 조명기구의 최소 개수는? [단, 조명기구의 개당 광속은 4,000루멘(lm), 실의 조명율 60%, 보수율은 0.8로 한다] 제25회

① 9개
② 13개
③ 16개
④ 20개
⑤ 25개

톺아보기

$F \cdot U \cdot N = E \cdot A \cdot D$

$N = \dfrac{E \cdot A \cdot D}{F \cdot U}$, $N = \dfrac{E \cdot A}{F \cdot U \cdot 보수율}$

따라서, $\dfrac{400lx \times 120m^2}{4,000lm \times 0.6 \times 0.8} = \underline{25개}$

---

15 바닥면적이 100m²인 공동주택 관리사무소에 설치된 25개의 조명기구를 광원만 LED로 교체하여 평균조도 400럭스(lx)를 확보하고자 할 때, 조명기구의 개당 최소 광속(lm)은? (단, 조명률은 50%, 보수율은 0.8로 한다) 제23회

① 3,000
② 3,500
③ 4,000
④ 4,500
⑤ 5,000

톺아보기

$F \cdot U \cdot N = E \cdot A \cdot D$

$F = \dfrac{E \cdot A}{U \cdot N \cdot 보수율} = \dfrac{400 \times 100}{0.5 \times 25 \times 0.8} = 4,000$

정답 | 12 ③   13 ②   14 ⑤   15 ③

16 상중하

승강기안전부품 및 승강기의 안전인증에 관한 운영규정상 승강기 안전기준 결함의 구분기준에서 승강장문 및 카문에 대한 심사항목 중 '경미한 결함'에 해당되는 것은? (단, 심사 또는 시험의 결과가 단순 조립 불량 등 즉시 개선 조치될 수 있다고 판단되는 경우는 제외한다)

제28회

① 자동 작동 승강장 문의 닫힘
② 문턱, 가이드 및 문의 현수장치
③ 승강장문 및 카문 잠금 및 비상잠금해제 확인
④ 여러 문짝이 기계적으로 연결된 개폐식 승강장문
⑤ 카문의 닫힘 확인을 입증하는 전기안전장치

톺아보기

자동 작동 승강장 문의 닫힘은 경미한 결함에 해당한다.

더 알아보기

[별표10] 승강기안전 결함의 구분기준(제53조 제2항)

결함내용	심사항목
경미한 결함	㉠ 승강로, 기계실, 풀리실에 대한 접근 및 출입 ㉡ 출입문 및 비상문 – 점검문 ㉢ 표시(경고문) ㉣ 승강로 ㉤ 기계실, 기계류 공간 및 풀리실 ㉥ 자동 작동 승강장 문의 닫힘 ㉦ 카문, 바닥, 벽, 천장, 장식품 재질 ㉧ 로프 또는 체인 간의 하중 분산 ㉨ 도르래, 풀리, 스프로킷 보호수단 ㉩ 승강로 내 권상기 도르래, 풀리, 스프로킷 등
매우 중대한 결함	㉠ 문턱, 가이드 및 문의 현수장치 ㉡ 닫히고 잠긴 승강장문의 확인 ㉢ 승강장문 및 카문 잠금 및 비상잠금해제 확인 ㉣ 승장장문의 잠금상태 및 폐쇄상태를 입증하는 장치에 대한 공통요건 ㉤ 여러 문짝이 기계적으로 연결된 개폐식 승강장문 ㉥ 여러 문짝이 기계적으로 연결된 개폐식 또는 접이식 카문 ㉦ 카문의 닫힘 확인을 입증하는 전기안전장치 ㉧ 카문의 개방 ㉨ 카의 유효면적, 정격하중 및 정원 ㉩ 도르래풀리 또는 드럼과 로프 사이의 직경비율, 로프/체인 단말처리 ㉪ 매다는 장치 ㉫ 로프 권상 ㉬ 포지티브 엘리베이터의 로프감김 등

17

건축물의 피난·방화구조 등의 기준에 관한 규칙상 피난용승강기의 설치기준의 일부이다. (   )에 들어갈 내용으로 옳은 것은?   제27회

> 제30조 【피난용승강기의 설치기준】
>   4. 피난용승강기 전용 예비전원
>   가. 정전시 피난용승강기, 기계실, 승강장 및 폐쇄회로 텔레비전 등의 설비를 작동할 수 있는 별도의 예비전원 설비를 설치할 것
>   나. 가목에 따른 예비전원은 초고층 건축물의 경우에는 (㉠) 이상, 준초고층 건축물의 경우에는 (㉡) 이상 작동이 가능한 용량일 것

① ㉠: 30분, ㉡: 1시간
② ㉠: 1시간, ㉡: 30분
③ ㉠: 2시간, ㉡: 30분
④ ㉠: 2시간, ㉡: 1시간
⑤ ㉠: 3시간, ㉡: 30분

톺아보기

피난용승강기의 예비전원은 초고층 건축물의 경우에는 ㉠ 2시간 이상, 준초고층 건축물의 경우에는 ㉡ 1시간 이상 작동이 가능한 용량일 것

18

엘리베이터의 안전장치 중 카 부문에 설치되는 것은?   제26회

① 전자제동 장치
② 리밋 스위치
③ 조속기
④ 비상정지 장치
⑤ 종점정지 스위치

톺아보기

★ 비상정지 장치는 정격운행속도 이상시 제한 스위치가 승강기를 못 멈추었을 때 최종적으로 다시 한번 승강기를 정지시키는 장치로 승강기 카 하부에 설치되어 있다.

정답 | 16 ① 17 ④ 18 ④

19 승강기, 승강장 및 승강로에 관한 설명으로 옳지 않은 것은? 제25회

① 비상용 승강기의 승강로 구조는 각 층으로부터 피난층까지 이르는 승강로를 단일 구조로 연결하여 설치한다.
② 옥내에 설치하는 피난용승강기의 승강장 바닥면적은 승강기 1대당 $5m^2$ 이상으로 해야 한다.
③ 기어리스 구동기는 전동기의 회전력을 감속하지 않고 직접 권상도르래로 전달하는 구조이다.
④ 승강로, 기계실·기계류 공간, 풀리실의 출입문에 인접한 접근통로는 50[lx] 이상의 조도를 갖는 영구적으로 설치된 전기조명에 의해 비춰야 한다.
⑤ 완충기는 스프링 또는 유체 등을 이용하여 카, 균형추 또는 평형추의 충격을 흡수하기 위한 장치이다.

톺아보기

★ 옥내에 설치하는 피난용승강기의 승강장 바닥면적은 승강기 1대당 $6m^2$ 이상으로 해야 한다.

20 엘리베이터의 안전장치에 관한 설명으로 옳은 것은? 제23회

① 완충기는 스프링 또는 유체 등을 이용하여 카, 균형추 또는 평형추의 충격을 흡수하기 위한 장치이다.
② 파이널 리미트 스위치는 전자식으로 운전중에는 항상 개방되어 있고, 정지시에 전원이 차단됨과 동시에 작동하는 장치이다.
③ 과부하감지장치는 정전시나 고장 등으로 승객이 갇혔을 때 외부와의 연락을 위한 장치이다.
④ 과속조절기는 승강기가 최상층 이상 및 최하층 이하로 운행되지 않도록 엘리베이터의 초과운행을 방지하여 주는 장치이다.
⑤ 전자·기계브레이크는 승강기 문에 승객 또는 물건이 끼었을 때 자동으로 다시 열리게 되어 있는 장치이다.

톺아보기

오답해설
- ② 전자·기계브레이크는 전자식으로 운전중에는 항상 개방되어 있고, 정지시에 전원이 차단됨과 동시에 작동하는 장치이다.
- ③ 비상연락장치는 정전시나 고장 등으로 승객이 갇혔을 때 외부와의 연락을 위한 장치이다.
- ★ ④ 파이널 리미트 스위치는 승강기가 최상층 이상 및 최하층 이하로 운행되지 않도록 엘리베이터의 초과운행을 방지하여 주는 장치이다.
- ★ ⑤ 세프티 슈는 승강기 문에 승객 또는 물건이 끼었을 때 자동으로 다시 열리게 되어 있는 장치이다.

---

21 엘리베이터에 관한 설명으로 옳지 않은 것은?   제22회

① 교류 엘리베이터는 저속도용으로 주로 사용된다.
② 파이널 리미트 스위치는 엘리베이터가 정격속도 이상일 경우 전동기에 공급되는 전기회로를 차단시키고 전자브레이크를 작동시키는 기기이다.
③ 과부하계전기는 전기적인 안전장치에 해당된다.
④ 기어레스식 감속기는 직류 엘리베이터에 사용된다.
⑤ 옥내에 설치하는 비상용승강기의 승강장 바닥면적은 승강기 1대당 $6m^2$ 이상으로 해야 한다.

톺아보기

★ 엘리베이터가 정격속도 이상일 경우 전동기에 공급되는 전기회로를 차단시키고 전자브레이크를 작동시키는 기기는 조속기(Governor)이다.

더 알아보기

파이널 리미트 스위치
승강기가 리미트 스위치를 지나쳐 최상층과 최하층을 지나쳤을 때 최종적으로 승강기를 멈추게 하는 스위치이다.

정답 | 19 ② 20 ① 21 ②

22 건축물의 설비기준 등에 관한 규칙상 공동주택 및 다중이용시설의 환기설비기준 등의 일부이다. ( )에 들어갈 내용으로 옳은 것은?   제28회

> 제11조【공동주택 및 다중이용시설의 환기설비기준 등】① 영 제87조 제2항의 규정에 따라 신축 또는 리모델링하는 다음 각 호의 어느 하나에 해당하는 주택 또는 건축물(이하 '신축공동주택 등'이라 한다)은 시간당 ( )회 이상의 환기가 이루어질 수 있도록 자연환기설비 또는 기계환기설비를 설치해야 한다.
> 1. 30세대 이상의 공동주택
> 2. 주택을 주택 외의 시설과 동일건축물로 건축하는 경우로서 주택이 30세대 이상인 건축물

① 0.3
② 0.5
③ 0.7
④ 1.0
⑤ 1.5

톺아보기

★ 신축 또는 리모델링하는 다음 각 호의 어느 하나에 해당하는 주택 또는 건축물은 시간당 0.5회 이상의 환기가 이루어질 수 있도록 자연환기설비 또는 기계환기설비를 설치해야 한다.

23 실내공기질 관리법령상 100세대 이상 신축공동주택의 실내공기질 측정항목에 해당하는 것으로 옳게 짝지어진 것은?   제28회

① 미세먼지, 벤젠
② 라돈, 자일렌
③ 에틸벤젠, 오존
④ 스티렌, 이산화질소
⑤ 폼알데하이드, 이산화탄소

톺아보기

실내공기질 측정항목 7가지(실내공기질 관리법 시행규칙 제7조)
1. 폼알데하이드   2. 벤젠   3. 톨루엔
4. 에틸벤젠   5. 자일렌   6. 스티렌
7. 라돈

더 알아보기

주택 실내공기질의 측정결과 보고
1. 주택 실내공기질 측정결과 보고(공고)에 신축공동주택의 실내공기질 측정결과서 원본을 첨부하여 주민 입주 7일 전까지 특별자치시장·특별자치도지사·시장·군수·구청장(자치구의 구청장을 말한다. 이하 같다)에게 제출해야 한다.
2. 주택 실내공기질 측정결과 보고(공고)를 주민 입주 7일 전부터 60일간 주민들이 잘 볼 수 있도록 공고해야 한다.

24 다음은 건축물의 설비기준 등에 관한 규칙상 신축공동주택 등의 기계환기설비의 설치기준에 관한 내용의 일부이다. ( )에 들어갈 내용으로 옳은 것은? 제25회

> 외부에 면하는 공기흡입구와 배기구는 교차오염을 방지할 수 있도록 (㉠)m 이상의 이격거리를 확보하거나, 공기흡입구와 배기구의 방향이 서로 (㉡)° 이상 되는 위치에 설치되어야 하고, 화재 등 유사시 안전에 대비할 수 있는 구조와 성능이 확보되어야 한다.

① ㉠: 1.0, ㉡: 45   ② ㉠: 1.0, ㉡: 90
③ ㉠: 1.5, ㉡: 45   ④ ㉠: 1.5, ㉡: 90
⑤ ㉠: 3.0, ㉡: 45

톺아보기

외부에 면하는 공기흡입구와 배기구는 교차오염을 방지할 수 있도록 <u>1.5m</u> 이상의 이격거리를 확보하거나, 공기흡입구와 배기구의 방향이 서로 <u>90°</u> 이상 되는 위치에 설치되어야 하고, 화재 등 유사시 안전에 대비할 수 있는 구조와 성능이 확보되어야 한다.

정답 | 22 ②　23 ②　24 ④

25

6인이 근무하는 공동주택 관리사무실에서 실내의 CO_2 허용농도는 1,000ppm, 외기의 CO_2 농도는 400ppm일 때 최소 필요환기량(m^3/h)은? (단, 1인당 CO_2 발생량은 $0.015m^3/h$이다)

제25회

① 30
② 90
③ 150
④ 300
⑤ 400

톺아보기

★ 환기량 = $\dfrac{\text{실내 총 } CO_2 \text{ 발생량}}{\text{실내 } CO_2 \text{ 농도} - \text{실외 } CO_2 \text{ 농도}}$

환기량(m^3/h) = $\dfrac{0.015m^3/h \times 6명}{1,000ppm - 400ppm}$ = $0.00015 \times 1,000,000$ = <u>150</u>

26

공동주택의 에너지 절약을 위한 방법으로 옳지 않은 것은?

제24회

① 지하주차장의 환기용 팬은 이산화탄소(CO_2) 농도에 의한 자동(on-off)제어방식을 도입한다.
② 부하특성, 부하종류, 계절부하 등을 고려하여 변압기의 운전대수제어가 가능하도록 뱅크를 구성한다.
③ 급수가압펌프의 전동기에는 가변속제어방식 등 에너지 절약적 제어방식을 채택한다.
④ 역률개선용 콘덴서를 집합 설치하는 경우에는 역률자동조절장치를 설치한다.
⑤ 옥외등은 고효율 에너지기자재 인증제품으로 등록된 고휘도방전램프 또는 LED 램프를 사용한다.

톺아보기

지하주차장의 환기용 팬은 <u>일산화탄소(CO)</u> 농도에 의한 자동(on-off)제어방식을 도입한다.

정답 | 25 ③ 26 ①

제10장 / 홈네트워크설비

기본서 p.462~472

01 지능형 홈네트워크 설치 및 기술기준에 관한 내용으로 옳지 않은 것은? 제28회

① 단지서버는 상온·상습인 곳에 설치하여야 한다.
② 홈네트워크설비는 타 설비와 간섭이 없도록 설치하여야 하며, 유지보수가 용이하도록 설치하여야 한다.
③ 통신배관실의 출입문은 폭 0.7m, 높이 1.8m 이상(문틀의 내측치수)이어야 하며, 잠금장치를 설치하고, 관계자외 출입통제 표시를 부착하여야 한다.
④ 가스감지기는 LNG인 경우에는 바닥쪽에, LPG인 경우에는 천장쪽에 설치하여야 한다.
⑤ 전자출입시스템은 화재발생 등 비상시, 소방시스템과 연동되어 주동현관과 지하주차장의 출입문을 수동으로 여닫을 수 있게 하여야 한다.

톺아보기

★ 가스감지기는 LNG인 경우에는 천장쪽에, LPG인 경우에는 바닥쪽에 설치하여야 한다.

정답 | 01 ④

02 지능형 홈네트워크설비 설치 및 기술기준에서 명시하고 있는 원격검침시스템의 검침정보가 아닌 것은? 제27회

① 전력 ② 가스
③ 수도 ④ 난방
⑤ 출입

톺아보기

검침이란 사용량을 측정하는 것으로 출입은 사용량과 관계가 없다.

더 알아보기

원격검침시스템은 각 세대별 원격검침장치가 정전 등 운용시스템의 동작 불능시에도 계량이 가능해야 하며, 데이터값을 보존할 수 있도록 구성하여야 한다.

03 지능형 홈네트워크설비 설치 및 기술기준으로 옳은 것은? 제26회

① 무인택배함의 설치수량은 소형주택의 경우 세대수의 약 15~20% 정도 설치할 것을 권장한다.
② 단지네트워크장비는 집중구내통신실 또는 통신배관실에 설치하여야 한다.
③ 홈네트워크사용기기의 예비부품은 내구연한을 고려하고, 3% 이상 5년간 확보할 것을 권장한다.
④ 전자출입시스템의 접지단자는 프레임 외부에 설치하여야 한다.
⑤ 차수판 또는 차수막을 설치하지 아니한 경우, 통신배관실은 외부의 청소 등에 의한 먼지, 물 등이 들어오지 않도록 30mm 이상의 문턱을 설치하여야 한다.

톺아보기

오답해설
★ ① 무인택배함의 설치수량은 소형주택의 경우 세대수의 약 10~15% 정도 설치할 것을 권장한다.
★ ③ 홈네트워크사용기기의 예비부품은 내구연한을 고려하고, 5% 이상 5년간 확보할 것을 권장한다.
★ ④ 전자출입시스템의 접지단자는 프레임 내부에 설치하여야 한다.
★ ⑤ 차수판 또는 차수막을 설치하지 아니한 경우, 통신배관실은 외부의 청소 등에 의한 먼지, 물 등이 들어오지 않도록 50mm 이상의 문턱을 설치하여야 한다.

04 지능형 홈네트워크설비 설치 및 기술기준에서 정하고 있는 홈네트워크사용기기에 해당하는 것을 모두 고른 것은?   제26회

㉠ 무인택배시스템	㉡ 홈게이트웨이
㉢ 차량출입시스템	㉣ 감지기
㉤ 세대단말기	㉥ 원격검침시스템

① ㉠, ㉡, ㉣
② ㉠, ㉡, ㉤
③ ㉠, ㉢, ㉣, ㉥
④ ㉡, ㉢, ㉤, ㉥
⑤ ㉢, ㉣, ㉤, ㉥

톺아보기

㉡ 홈게이트웨이와 ㉤ 세대단말기는 홈네트워크장비에 속한다.

정답 | 02 ⑤   03 ②   04 ③

05 지능형 홈네트워크설비 설치 및 기술기준에 관한 내용으로 옳은 것은? 제25회

① 가스감지기는 LNG인 경우에는 바닥쪽에, LPG인 경우에는 천장쪽에 설치하여야 한다.
② 차수판 또는 차수막을 설치하지 않은 통신배관실에는 최소 30mm 이상의 문턱을 설치하여야 한다.
③ 통신배관실 내의 트레이(tray) 또는 배관, 덕트 등의 설치용 개구부는 화재시 층간 확대를 방지하도록 방화처리제를 사용하여야 한다.
④ 통신배관실의 출입문은 폭 0.6m, 높이 1.8m 이상이어야 한다.
⑤ 집중구내통신실은 TPS실이라고 하며, 통신용 파이프 샤프트 및 통신단자함을 설치하기 위한 공간을 말한다.

톺아보기

오답해설
① 가스감지기는 <u>LNG인 경우에는 천장쪽에</u>, <u>LPG인 경우에는 바닥쪽</u>에 설치하여야 한다.
② 차수판 또는 차수막을 설치하지 않은 통신배관실에는 최소 <u>50mm</u> 이상의 문턱을 설치하여야 한다.
★ ④ 통신배관실의 출입문은 <u>폭 0.7m</u>, 높이 1.8m 이상이어야 한다.
★ ⑤ <u>집중구내통신실은 MDF실(통신배관실-TPS실)</u>이라고 하며, 통신용 파이프 샤프트 및 통신단자함을 설치하기 위한 공간을 말한다.

06 지능형 홈네트워크설비 설치 및 기술기준에 관한 내용으로 옳지 않은 것은? 제24회

① 통신배관실의 출입문은 폭 0.7m, 높이 1.8m 이상(문틀의 내측치수)이어야 한다.
② 중형주택 이상의 무인택배함 설치수량은 세대수의 15~20% 정도 설치할 것을 권장한다.
③ 차수판 또는 차수막을 설치하지 않은 통신배관실에는 최소 40mm 이상의 문턱을 설치하여야 한다.
④ 단지네트워크장비는 집중구내통신실 또는 통신배관실에 설치하여야 한다.
⑤ 가스감지기는 LNG인 경우에는 천장쪽에, LPG인 경우에는 바닥쪽에 설치하여야 한다.

톺아보기

차수판 또는 차수막을 설치하지 않은 통신배관실에는 최소 50mm 이상의 문턱을 설치하여야 한다.

07 지능형 홈네트워크설비 설치 및 기술기준에서 구분하고 있는 홈네트워크사용기기가 아닌 것은?
제24회

① 무인택배시스템
② 세대단말기
③ 감지기
④ 전자출입시스템
⑤ 원격검침시스템

톺아보기

세대단말기는 홈네트워크장비에 속한다.

08 지능형 홈네트워크설비 설치 및 기술기준에 관한 내용으로 옳지 않은 것은?
제23회

① 월패드는 홈네트워크장비에 포함된다.
② 원격제어가 가능한 조명제어기를 세대 안에 1구 이상 설치하여야 한다.
③ 홈네트워크기기의 예비부품은 5% 이상 5년간 확보할 것을 권장한다.
④ 무인택배함의 설치수량은 소형주택의 경우 세대수의 약 10~15% 정도 설치할 것을 권장한다.
⑤ 집중구내통신실은 TPS라고 하며, 통신용 파이프 샤프트 및 통신단자함을 설치하기 위한 공간을 말한다.

톺아보기

★ 집중구내통신실은 MDF라고 하며, 통신용 파이프 샤프트 및 통신단자함을 설치하기 위한 공간을 말한다.

정답 | 05 ③ 06 ③ 07 ② 08 ⑤

09 지능형 홈네트워크설비 설치 및 기술기준상 홈네트워크를 설치하는 경우 홈네트워크장비에 해당하지 않는 것은? 제22회

① 세대단말기
② 단지서버
③ 단지네트워크장비
④ 홈게이트웨이
⑤ 원격검침시스템

톺아보기

원격검침시스템은 사용기기에 속한다.

더 알아보기

홈네트워크 필수설비

항목	종류
홈네트워크망	단지망, 세대망
홈네트워크장비	홈게이트웨이, 세대단말기, 단지네트워크장비, 단지서버
홈네트워크사용기기	원격제어기기, 원격검침시스템, 감지기, 전자출입시스템, 차량출입시스템, 무인택배시스템

10 공동주택에서 난방설비, 급수설비 등의 제어 및 상태감시를 위해 사용되는 현장제어장치는? 제22회

① SPD
② PID
③ VAV
④ DDC
⑤ VVVF

톺아보기

DDC(direct digital control)는 직접 디지털 제어방식으로 아날로그 조절기 대신에 마이크로컴퓨터의 제어로직에 의하여 조작부를 움직이는 제어장치로서, 각종 검출기로부터의 전자적 신호(analog)를 받아 수치화(digital)하여 이 수치에 대한 수리적 연산을 하는 장치이다.

오답해설
① SPD(Surge Protective Device)는 서지보호장치로, 전기계통의 과전압에 대해 전기장치를 보호하는 역할을 하는 장치이다.
② PID(Proportional, Integral, Differential)는 가장 많이 사용되는 자동제어방식 중의 하나로, 비례(Proportional), 적분(Integral), 미분(Differential)의 세 가지의 조합으로 제어하는 방식이다.
③ VAV(Variable Air Volume System)는 가변풍량방식으로서 공조해야 할 실의 열부하 증감에 따라 송풍량을 조절하여 소정의 온·습도를 유지시키는 공조방식이다.
⑤ VVVF(Variable Voltage Variable Frequency)는 가변전압 가변주파수 제어는 인버터 등의 교류전력을 출력하는 전력 변환장치를 두어, 그 출력 교류전력의 실효전압과 주파수를 임의로 가변제어하는 기술을 칭하며, 가변전압 가변주파수인 'Variable Voltage Variable Frequency'의 머리글자를 따서 VVVF 제어라고 부른다. 이 기술은 팬, 펌프설비, 압연기 등 다양한 생산용 기기와 철도차량, 자동차, 가전제품 등에 널리 이용되고 있다.

11 공동주택 층간소음의 범위와 기준에 관한 규칙상 층간소음에 관한 설명으로 옳지 않은 것은?
제25회

① 직접충격소음은 뛰거나 걷는 동작 등으로 인하여 발생하는 층간소음이다.
② 공기전달소음은 텔레비전, 음향기기 등의 사용으로 인하여 발생하는 층간소음이다.
③ 욕실, 화장실 및 다용도실 등에서 급수·배수로 인하여 발생하는 소음은 층간소음에 포함한다.
④ 층간소음의 기준 시간대는 주간은 06시부터 22시까지, 야간은 22시부터 06시까지로 구분한다.
⑤ 직접충격소음은 1분간 등가소음도(Leq) 및 최고소음도(Lmax)로 평가한다.

톺아보기
욕실, 화장실 및 다용도실 등에서 급수·배수로 인하여 발생하는 소음은 층간소음에 포함되지 않는다.

정답 | 09 ⑤ 10 ④ 11 ③

해커스 주택관리사

주택관리사 1위 해커스
한경비즈니스 선정 2020 한국품질만족도 교육(온·오프라인 주택관리사) 부문 1위 해커스

해커스 합격 선배들의 생생한 합격 후기!

전국 최고 점수로 8개월 초단기합격
해커스 커리큘럼을 똑같이 따라가면 자동으로 반복학습을 하게 되는데요. 그러면서 자신의 **부족함을 캐치하고 보완**할 수 있었습니다. 또한 해커스 무료 **모의고사**로 실전 경험을 쌓는 것이 많은 도움이 되었습니다.

전국 수석합격생
최*석 님

해커스는 교재가 **단원별로 핵심 요약정리**가 참 잘되어 있습니다. 또한 커리큘럼도 매우 좋았고, 교수님들의 강의가 제가 생각할 때는 **국보급 강의**였습니다. 교수님들이 시키는 대로, 강의가 진행되는 대로만 공부했더니 고득점이 나왔습니다. 한 2~3개월 정도만 들어보면, 여러분들도 충분히 고득점을 맞을 수 있는 실력을 갖추게 될 거라고 판단됩니다.

해커스 합격생
권*섭 님

해커스는 주택관리사 커리큘럼이 되게 잘 되어있습니다. 저같이 처음 공부하시는 분들도 입문과정, 기본과정, 심화과정, 모의고사, 마무리 특강까지 이렇게 최소 5회독 반복하시면 처음에 몰랐던 것도 알 수 있을 것입니다. 모의고사와 기출문제 풀이가 도움이 많이 되었는데, **실전 모의고사를 실제 시험 보듯이 시간을 맞춰 연습하니 실전에서 도움이 많이 되었습니다.**

해커스 합격생
전*미 님

해커스 주택관리사가 **기본 강의와 교재가 매우 잘되어 있다고 생각**했습니다. 가장 좋았던 점은 가장 기본인 기본서를 뽑고 싶습니다. 다른 학원의 기본서는 너무 어렵고 복잡했는데, 그런 부분을 다 빼고 **엑기스만 들어있어 좋았고** 교수님의 강의를 충실히 따라가니 공부하는 데 큰 어려움이 없었습니다.

해커스 합격생
김*수 님

1588.2332   house.Hackers.com